リベラリズムの教育哲学

多様性と選択

宮寺晃夫

keiso shobo

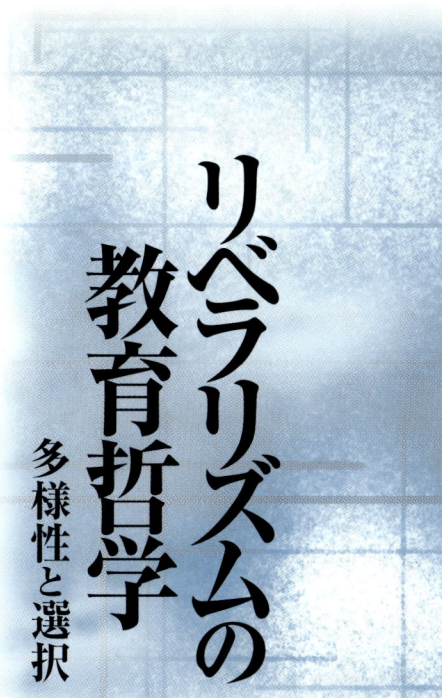

Liberal Philosophy of Education
Diversity and Choice

Akio Miyadera

Keiso shobo Publisher,2000

ISBN4-326-29869-3

はしがき

――社会改革としての教育改革

変化の激しい現代の社会にあって、教育のあり方も激しく変わってきている。その変化は、これまで社会が教育をいとなむとき骨組みとも、土台ともしてきたものにまで及んでいる。そのため現代の教育は支えを揺さぶられ、落ち着きのない状態に置かれている。「教育改革」の名のもとで、各方面で教育のいとなまれ方の組替えがなされているが、これも全体の見通しと、確たる方向づけがあってなされているとはいい難い。教育改革は変化への応答というよりも、それ自体が変化の起因ともなっている。

国による教育改革は、一九八〇年代の臨時教育審議会での論議をへて、西暦二〇〇〇年の教育改革国民会議の設置により、いよいよ第二ステージに入った。かつて臨教審も、一時「教育の自由化」を打ちだそうとするなど、教育改革のすすめ方を大胆に示したが、このたびの国民会議では、臨教審でさえその枠組みのなかで審議をすすめた教育基本法の改正も、議事日程に入れているという。ノイラートの船の喩えではないが、おおぜいの乗客を載せたまま、船底の鉄板を張り替えるという危うい作業がはじまろうとしている。

そうした新たな変化へのきざしは、六・三・三制の単線型の教育制度を、六・六制をもみとめる複線型に切り替えたことや、通学区域制度を緩和して、これまでのように誰でも同じ学校に一緒に通うというしばりをなくしたことなどにも既に表われている。この単一・強制のコンフォーミズムが、「悪しき平等主義」の廉で告発を受けているのである。入れ替わって、「個性化」と「創造性の開発」が教育のあり方を示すものとして新たに名乗りを上げている。しかし、それにしても、教育をいとなむ上で平等の原理はそれほど簡単に悪しきものにされてよいのであろうか。そうした疑いが拭えないが、少なくとも善玉／悪玉のダイコトミーで「個性化」に正当化を与えていくようでは、新たな枠組みの産みの苦しみを避けているとしか思えない。

本書は、支えなき現代社会の教育のあり方を検討していくため、リベラリズムの教育哲学から一つの視座を提供しようとするものである。現代社会の実体は限りなく個人の意思に解体されてきているが、そうしたなかで、教育に懸ける一人ひとりの個人の思いが全体としてどのような模様を描きだしていくことになるのか。その眺望と見通しをリベラリズムの哲学の立場から得ていこうとするものである。こうした試みに、次のような反論が予想されよう。――教育は、たとえば国防や医療制度のように公共性の高い事業とはちがって、所詮は人が好きなように選び、好きなように利用していけばよいまでで、できる限り個人の自由にまかせておけばよいもの、いや個人の自由にまかせておくより外ないものではないか、と。

たしかに教育も選ばれる時代に入った。これまで教育が自由に選べなかったことが人びとの苛立ちを誘い、教育の担当者にマンネリズムをもたらしてきた。このこともみとめられなければならないであろう。しかしながら、ステイタス・シンボルともなる調度品や装飾品の類いの購入とはちがって、教育のばあいは、どんなに資金を積んでも個人の意思で手に入れられるものには限りがある。教育を受ける機会にはある種の配分のメカニズムがはたらいていて、個人の自由意思や経済力だけではどうにもならない面があるからである。それは、入学選抜試験や年限主義の学級編制などをみても分かるであろう。こうした配分方式を切り替えて、できるだけ人びとの選択に自由度を与える方向で改革が推移してきているが、そうなると全体の模様が大きく崩れてくるおそれがでてくる。

そこで、社会全体の釣り合いを考えて教育の機会の配分を考慮していくか、それともできるだけ個人の意思を活かしていくかという見極めが必要になってくる。そういうきわどい分水嶺に立たされて、わたしたちに前後の見通しを付けてくれるのがリベラリズムの立場である。というのは、個人の自由な意思をベースにしながら、社会公共の秩序形成の課題に取り組んできたのがリベラリズムの立場であるからである。この立場から導かれる見通しに照らして、一連の教育改革が起因となって引き起こされている変化の本質を、これから明らかにしていくことにしたい。

本書の内容は三部構成になっている。第I部「社会と教育」では、まずリベラリズムの教育哲学の基本的な構想をのべていき（第一章）、つづいてリベラリズムの教育哲学を必然化している多元的社会を素描していく（第二章）。その上で、多元的社会での教育哲学の課題として教育目的の正当化論を取り上げていく（第三章）。第II部「教養・選択・価値」では、これまで教師―生徒関係を対象にして考えられてきた教育学教養から、人間の自己形成への社会的支援を対象化していく教育学教養への拡充を論じていき（第四章）、また自己責任がともなう教育選択の問題を取り上げていく（第五章）。最後に価値多元的社会の既成事実化が教育哲学の現実化をもたらしていることを、イギリスの教育哲学を例に明らかにしていく（第六章）。第III部「教育改革の思想と課題」では、連続講義の体裁を採りながら、リベラリズム教育哲学の立場から教育改革の課題を解き明かしていく。できるだけ身近な問題から素材を選んでいるので、ここから読みはじめていくのも一案かと思う。そのばあいも、まずは第一章を読んでリベラリズム教育哲学の基本的な考え方を読み取っていただきたい。

リベラリズムの教育哲学／目　次

――多様性と選択

はしがき――社会改革としての教育改革

I　社会と教育

第一章　現代教育とリベラリズム教育哲学……3
[1] 今、なぜリベラリズム教育哲学か　3
[2] 公共選択と教育　10
[3] 社会のなかの教育　18

第二章　多元的社会と寛容社会……27
[1] 価値の多元化と多文化教育　27
[2] 寛容社会と卓越主義的リベラリズム　40

第三章　教育目的論の可能性……53
[1] はじめに　53

[2] 現代と教育目的論の課題 55
[3] 教育目的論の射程 64
[4] 近代教育学における教育目的論の祖型 70
[5] 教育目的論の正当化論の範型 80
[6] 正当化論とリベラリズム 86

Ⅱ 教養・選択・価値

第四章 教育学教養の社会的拡大……95
[1] 教育学における教養 95
[2] リベラリズム哲学における二面性 98
[3] リベラリズム哲学からみた教育学的教養 107
[4] 卓越主義的リベラリズムと支援としての教育 113
[5] 結び――共同体と教養 121

第五章　教育の選択と社会の選択……123
[1] 教育と選択　123
[2] 選択とリベラリズム　126
[3] 正当化と理論　129
[4] 学校選択権　132
[5] 選択のイデオロギー性　134
[6] 選択と公正　136
[7] 機会の選択・結果からの配分　139
[8] 選択の自由と平等　142
[9] 選択制導入の積極論　144
[10] 選択制導入の消極論　148
[11] 選択と社会的不平等　150
[12] 総合制から選択制へ　154
[13] 配分のメカニズム　158

第六章　多元的社会の現実化と教育哲学の展開……160
［1］はじめに——価値観の多様化　160
［2］規範的教育哲学の生成　162
［3］パトリシア・ホワイトの公民民主主義と教育哲学　168
［4］グレアム・ヘイドンの価値教授論と教育哲学の現実化　176
［5］ジョン・ホワイトとポスト産業社会への教育哲学　182
［6］まとめ　189

Ⅲ　教育改革の思想と課題

第一講　改革と計画化の思想……195
［1］はじめに　195
［2］「教育の自由化」をめぐって　196
［3］オーウェルとハイエク　198
［4］誰が教育改革をすすめるのか　200

第二講　教育とプライヴァタイゼイション……202
［1］公営事業の民営化　202
［2］フリードマンと宇沢弘文　204
［3］公共財としての教育　207
［4］何のための教育改革か　209
第三講　変わる社会、変わる学校……210
［1］変わっていく学校　211
［2］デューイと学校の改革　213
［3］平等化装置としての学校　214
［4］再生産装置としての学校　215
［5］文化的リテラシー　217
第四講　教育の質と個性化……218
［1］経済と教育改革　219

[2] 教育の質 221
[3] 平等主義のイリュージョン 223
[4] クオリティか、イクオリティか 224
[5] 個性化教育 226

第五講 「心の教育」と知識……227
[1] なぜ、「心の教育」なのか 227
[2] 学校教育と「心の教育」 228
[3] 生の形式と知識の形式 230
[4] 知の枠組みの再建 233

第六講 自然の学区、自由の学区……235
[1] 通学の風景 235
[2] 自然の学区 236
[3] 自由の学区への流れ 238

[4] アカウンタビリティー 240

第七講 総合制、選択制……243
[1] 高校の制度改革 243
[2] ストリーミング 245
[3] 日本の総合学科制 247
[4] 職業指導 249

第八講 ポスト産業社会と教育……252
[1] ワークからワークへ 252
[2] 産業と教育 254
[3] ワークの変貌 256
[4] ワークからアクティヴィティーへ 258

第九講 少子化社会、生涯学習社会……260

[1] 少子化社会の到来 260
[2] 学校選択の自由化 262
[3] 校区と住民 264
[4] シャドーな学習 266
第一〇講 規制緩和と学校の設置権……269
[1] 新たなタブー 269
[2] 学校選択権、学校設置権 271
[3] 手づくりの学校づくり 273
[4] 「中立性」を超えるもの 275
第一一講 『学習指導要領』、その正当化……278
[1] 『学習指導要領』の季節 278
[2] 基準の正当化と「新しさ」 279
[3] 無責任体質と企業の論理 281

[4] 社会改革と『学習指導要領』 284
第一二講 二〇〇二年、学校ビッグ・バン……286
[1] 学校のスリム化 286
[2] 公立校の魅力 288
[3] 二重システム 290
[4] 教育改革の思想 292
あとがき——思想（イデア）としてのリベラリズム……295
文献
索引

I　社会と教育

第一章　現代教育とリベラリズム教育哲学

[1]　今、なぜリベラリズム教育哲学か

本書の目的は、「リベラリズム」(liberalism) という呼び名で指される主義ないし学派の教育哲学について、あらましを祖述していくことではない。そういう意味でのリベラリズムの教育哲学はまだ成り立っていないし、ここでそれの立ち上げを急いでいるわけでもない。本書のタイトルを『リベラリズムの教育哲学』としたのは、リベラリズムの立場からみた教育哲学という意味である。ややほぐしていい換えれば、教育を現代社会のコンテクストに置き直し、そこに現前する現実的で哲学的な問題をリベラリズムの立場から解明していくこと、という意味である。

それでは、教育を学校の教室空間のなかから広く現代社会のコンテクストに置き直したとき、一体どのような現実的で哲学的な問題が立ち現われてくるのであろうか。それは本書の全体であつかう問題であるので、ここでは、この問題を解明していくときのリベラリズムの立場についてあらかじめ触れておくことにしよう。

「リベラリズム」の定義

何よりまず、「リベラリズム」という表現自体が争点を孕んでいることを確認しておきたい。この表現は、誰もがそれとみとめる一致した立場を同定しているとはいい難く、リベラリズムとは何かをめぐって、政治や哲学の分野ではそれぞれ異なるしかたで規定がなされている。よく知られているように、政治の分野で「リベラルズ」といえば、アメリカでは保険制度や社会福祉の充実など国の行政責任を重くみるポリシーを推進する人びとのことをいう。日本語の「革新派」にあたるといっていいであろう。一方イギリスでは、国の介入をできるだけ除いて、当事者どうしの遣り取りで懸案の処理にあたらせるようなポリシーを支持する人びとの方が「リベラルズ」と呼ばれる。日本語では「保守派」に近いとみられる。

このように、政治の分野ではリベラルか否かの識別に異なる指標が用意されている。その際、争点となっているのは、個人の自立した生き方に対して公的支援をできるだけ呼び込んでいくか、制限していくかという判断であるが、これはまさに政治的に見極めていくより外ない判断であろう。

そのため、政治的なリベラリズムの立場を客観的、中立的に規定していくというようなことは不可能に近い。

　それに対して哲学の分野では、何が真理かの認識をめぐって、それぞれの人が拠っている立場の片寄りがきびしく問われる。そこで、自分自身が拠っている立場をはじめから固定しないで、さまざまな立場から、ときには対立する者の立場からも対象をながめて多角的に見通しを得ていき、個人的な立場を客観的な立場に近づけていくようなスタンスが採られる。そうした客観主義へのこころざしをどこまでも持ちつづけて、自己の今の立場を相対化していくのが哲学の上でのリベラリズムの立場である。一貫してリベラリズム哲学の客観主義を擁護する法哲学者の井上達夫氏の次の言葉は含蓄に富んでいる。「客観主義に立脚するリベラリズムは、我々がそのほんの小さな一部でしかない、しかし共にその一部であるような、我々を超えた大いなる存在への畏怖に根差す自己批判的謙抑と連帯を、寛容と多元的共存の基礎にすることによって、啓蒙の陥穽から、自己の言葉に代位させる倨傲に人間を誘い込む罠から、脱出することができる。」（井上［1991：13］）

　とはいっても、どの立場にも加担しないこうしたスタンス――つまりimpartialなスタンス――や、すべての立場を包括しその上位に立とうとするようなスタンス――overarchingなスタンス――を、一つの立場として同定していくことができるかどうかは哲学の分野でも問題として残るであろう。

　このように、リベラリズムの立場といっても決して一義的ではない。そればかりか、両義性、包括性をはじめから排除しないで、争点をそのまま残しておくことにリベラリズムの立場の特徴が求められたりもする。この両義性が分野のあいだに跨がっていることも、リベラリズムの立場の規定をいっそう入り組んだものにしている。しかし、このように指示対象の限定に明確さを欠きながらも、「リベラリズム」の意味にある種の家族的な類似性がみとめられることも確かで、本書ではそれを、プログラム的定義――つまり、何らかの綱領をふくんだ規定――にならざるを得ないが、あらかじめ次のように表わしておくことにしよう。すなわち、リベラリズムとは、個人による意思決定の自由を尊重するとともに、その自由が人びとのあいだで平等に共有されることを望ましいとする社会的立場である、と。ひとことで表現すれば、《自由》を《平等》に配分していこうとする方向性に、上向きのベクトルを仮設していくのがリベラリズムの立場である。

リベラリズムの二つの契機

'liberalism'の訳語として、日本語では「自由主義」がほぼ定着している。しかし本書ではこれを踏襲しないで端的に「リベラリズム」としていくが、それはリベラリズムが自由とともに平等の契機からも成り立っている含蓄をとどめておきたいからである。すでにリチャード・ノーマンの分析が印象的に示しているように、「平等」を定義するとき「自由」を規定要因としてつかわざるを得ないのと同様に、「自由」を定義するときにも、「平等」を規定要因としてつかわざるを得ない(Norman［1987：131ff.］)。自由であることの意義を、個人の内面的自由の領域――しばしば「リベラル・アーツ」「リベラル・エデュケーション」などの決まり文句とともに語られてきた――だけには止めないで、いっそう現実的な領域、つまり人と人が交わる社会の領域でも取り上げていこうとするならば、わたしたちはわたしたちが交わる人たちの自由をも対等にみていかなければ内実を失う。自由の内実を、社会の実際のコンテクストのなかで具体的に充たしていこうとするならば、人びとのあいだに平等の相互的関係がたもたれていることが前提になるのである。現実の社会関係のもとでは、他者の自由は自分の自由の一部分、しかもその本質的な部分をなしている。この意味での他者性が、自由の専横を律する規定要因ともなるのである。同様に、平等であること、つまりイコールであるということを、たんに構文法上のルールや函数関係についてのみあてはめるのではなく、意味論上の指示物についてもあてはめていこうとするならば、自由を求める多様な人びとの思いのあいだに等価物をみいだしていくことが必要になるであろう。

このようにして自由と平等の二つは、たがいに、相手の意味を実質化していく際の規定要因になるのである(1)。

リベラリズムの「敵」

自由とその配分原理としての平等を重視していくリベラリズムは、これからの社会秩序の構成を描いていくとき、有力な主導理念として広く――すなわち、それにかわる社会構成仮説をみいだすのが難しいほど広く――受け入れられている。リベラリズムは、これからの社会のあり方をめぐるあらゆる議論がそのなかでなされる外ないようなパラダイムを構成しているのである。リベラリズムにとって手ごわい相手は、もはや全体主義でもなければ社会主義でもない。仮にリベラリズムにとって「敵」が今なお残存しているとすれば、「最強の敵」はリベラリズムそのものの徹底化である、と明快に指摘したのは大澤真幸氏であった（大澤［2000：274］）。

リベラリズムの立場を徹底していって、同一の社会を構成する複数の文化およびそれに帰属する集団に、それぞれ自由を平等に保障していくとするならば、大澤氏がいう多文化主義（マルチカルチュラリズム）にいきつく。多文化主義が問題なのは、人が生まれ落ちそのなかで人間として形成を受ける特殊な文化に、それぞれ正しさの判断の超越的な審級が求められていくのを食い止めることができないからである。喩えていえば、それぞれの文化が独自に控訴審をもってしまい、それらの上位に連邦最高裁をかまえる必要がなくなってしまうからである。いわゆる共同体主義（コミュニタリアニズム）の主張はこうした問題をさらけだしている。それぞれに異なる文化に正当性の拠りどころが求められていけば、「秩序ある社会」（J・ロールズ）はしだいに崩されていき、これまで係争の処理にあたってきたリベラリズムの立場も、もはや impartial で overarching な立場としてはみとめられなくなっていく。実際に、共同体主義の代表的な論者のアラスデア・マッキンタイヤーは、impartial で overarching な立場を僭称するリベラリズムを、現代社会に流れ込んでいる伝統の一つとしてしかみとめていない（MacIntyre［1988：chap.17］）。リベラリズムの徹底化は、リベラリズムそれ自体の相対化を食い止めることができない。そうした社会の個体性の消滅につながりかねない遺伝子が、リベラリズムを秩序構成原理とする社会では増殖しつづけているのである。

多元的な社会

そうした遺伝子の暴発にそなえて、社会の個体的同一性をたもちつづけていこうとするならば、たとえば《リベラリズム》対《共同体主義》というように、個体消滅的な要素をあらかじめ識別し、体外に剔出しておくような概念戦略もあり得よう。しかしこの戦略を採るばあいには、こうした二項対立それ自体がそのなかで成立している社会的枠組み――つまり《リベラリズム対共同体主義》という枠組み――を何と呼べばよいのか、というひとまわり大きな問題をやり過ごすわけにはいかないであろう。現代の欧米社会が、イスラム圏からの住民やイスラムへの改宗者をも成員としながら成り立っているのは紛れもない事実である。過激なファンダメンタリズムの蔓延や、セクト、カルトの出没も宗教界や社会の特定の部門だけに限られた現象ではなく、市民生活そのものの安全と安定を脅かすものとなってきている。カルト集団の地域からの排斥は、別の地域での同様の問題の発生を惹き起こすだけで、社会全体からすれば問題解決の先送りにすぎない。またマイノリティー集団の固有文化の容認が、たんに移民定住人種の職場進出についてばかりではなく、同性愛者のモラル感覚などについても向けられなければならなくなってきており（Stafford［1991：187ff.］）、もはや「多様性という価値」や「共生社会」などといった奇麗ごとでは片付けられない臨界点に達している国と地域も少なくない。一歩まちがえれば秩序破壊（ヴァンダリズム）につながりかねない危険な異分子を抱え込みながら、それでも枠組みとして成り立っていかなければならないのが現代社会である。

こうした多元的な社会を、なお「リベラリズムの社会」(リベラル・ソサイアティー)と呼ぶとすれば、リベラリズムは、かつて社会主義との対抗軸において自己規定がなされたときよりはるかに難しい同定の危機に立たされているといえよう。リベラリズムの同定の回復は、もはやリベラリズムの自己否定につながる「隷従への道」(F・A・ハイエク)との対決を通してなされる課題ではなくなっている。その課題は、「《自由》を《平等》に」というリベラリズム自身の契機の組み合わせをどのように調整していくかということ、つまり自律的な同定作業に集約されてきているのである。

[2] 公共選択と教育

自由の実質化

このように、自由と平等の二重の契機でリベラリズムを受け取っていくならば、しばしば——頭のなかの思考実験を通して——定式化されてきた「リベラルな教育のアポリア」は、もはやそれほど現実味のある問題ではなくなってくるであろう。そのアポリア(難問)とは次のようなものである。すなわち、仮に教育を受ける側に自由な意思を完璧にみとめていくならば、教育をしていく必要性も可能性も正当化できなくなるであろう、というアポリアである。(2) このような意味で教育は

「リベラリズムの躓きの石」とも、「リベラリズムの原則の例外」ともみなされてきた。しかし、教育は――公教育であろうと私教育であろうと――「自由」の名のもとで正当化を受けることがなくても、現に日常的にいとなまれている。その理由は家庭教育やプライマリーな教育のばあいを想い起こせば明らかであろう。教育は、たんに教育を受ける側の自由な意思にもとづいてなされるばかりではなく、その人の自由な意思それ自体を養い築いていくいとなみでもあるからである。要するに、教育は自由の実質化に寄与するいとなみなのである。

この自由の実質化に深く関わっているのがリベラリズムのもう一つの契機、つまり平等であろう。この契機は、教育を社会の公的な制度として維持していこうとするとき、正当化原理として特に関わりをもってくる。

初等教育と中等教育の前期分までは、こんにちすべての人に等しく保障されているが、それ以降の教育はすべての人に配分されているわけではない。それは一体どのように配分されていくのがよいのであろうか。また、教育を受けた結果将来得られる利益は当人だけのものに帰されてよいのであろうか。――こうした問いへの回答は、教育をいとなむために投下される社会的資源の消費という見地からすれば、個人の権利の名――たとえば「教育を受ける権利」の名――のもとですべて片付けてしまえるものではないであろう。だいいち、教育から得られる利益は、たんに学歴取得などからもたらされる経済的な所得だけでは測りきれない。その利益は、評判の高い学校への進学などにともなう自尊心の満足や有資格者としての社会的承認、そしてまた自己像の形成などといった個人の心理面にまで及んでいる。その一方では、学校教育からは負の自己像と、負の社会的承認しか得られなかったという人も少なからずいる。教育の機会とそれにともなう社会的承認の獲得競争は、勝者の数に匹敵する敗者をも生みだしているのである。個人が教育から得る便益はそれこそさまざまである。

平等と逆平等

それにもかかわらず、教育を公教育制度——すなわち、誰に対しても開放されているパブリックな制度——として維持していくためのコストを、これまで通り人びとのあいだで一律に負担させていこうというのであれば、平等の契機を何らかのしかたで組み込んでいくことが必要である。それがなされていかなければ、公教育制度それ自体が正当性を失っていくことになるであろう。問題は、平等の契機をどのように組み込んでいくかである。

大都市圏を中心に、公費で教育費をまかなってもらえる学校から「自発的に手を引く」(オプト・アウトする)者が少なからずではじめている。そういう人たちのためのセレクティヴな学校も用意されてきている。それは当然教育費の自己負担で成り立つ学校であるので、公費でまかなわれる学校とのあいだで負担の公平を求める運動が起きることも予想される。というのは、私立校に子どもを通わせる親の側からすれば、教育費の二重払い——つまり、公立校を維持するための税負担と自分の子どものための授業料納付の二重払い——になるからである。そこで、親たちが協同で自分たちの方針に合う学校をつくり、それを公費の助成が受けられる認可校（チャーター・スクール）にしていこうという運動がアメリカ合衆国などでは盛んになってきている。また、学齢期の子どもを有するすべての親に、教育の機会を《購入》する特殊な「金券」（バウチャー）を一律に配布し、それによって公立・私立のどちらの学校をも選べる——そして学校は、集めた金券を換金して運営資金とする——という構想も立てられてきている。これには、負担の片寄りの是正とともに、学校の《集客》能力の自己開発を促すねらいもあるが、構想自体が持てる者からの平等要求、つまりいわば「逆平等」——筆者の造語であるのでこれにあたる英語もないが、敢えてあてれば reverse equality——ともいえよう。

平等は本来、持たざる者の補償要求として社会的な正当性がみとめられる原理である。しかし、そうした正当な要求が「悪しき平等」としてしりぞけられ、その一方では持てる者からの逆平等が自由化の推進原理となってきている。こうした入り組んだ状況が拡がりつつあるとき、平等の契機は、教育制度の上で同一学校種に類別される機関での「教育を受ける機会の平等」を保障するだけでは、もはや実質的な意味をもち得なくなってきている。機会の差異化がすすんでいるのである。

しかし、教育をめぐる不公平感は、そこにつぎ込まれる経済的なコストや、そこから得られる経済的な所得の多寡の問題をはるかに越えて、人間としての尊厳にかかわる事柄にも及んでいる。自由な意思をいち早く巧みにはたらかせていく者と、そうすることができないまま了わっていく者とのあいだの格差が、差異化のすすむ教育機会のあいだで選択が迫られることにより一段と増幅されていっている。それが現状である。アマルティア・センが鋭く指摘するように、「ある人にとっては自由は多いほど不利になるかもしれないという可能性」を拡げながら、社会のさまざまな部門で自由化が加速されている（セン［1999：8］）。なかでも教育は、「個人の福祉（ウェル・ビーイング）を達成しようとする自由」、つまり「潜在能力」（ケイパビリティー）の開発に深く関わっているだけに、自由化の自己目的化には慎重にあたらなければならないであろう（セン［1999：70］）。それを考え合わせると、意思決定の前提になる自由そのものの実質化にむすびつくように、教育についやされる資源を平等に配分していくような公的配慮もまた要請されてこよう。

教育の配分

親から子へと世代間で知識と言語が受けわたされ、その過程で学習態度もまた伝えられていく。社会において階層が維持され、再生産されるのは、そうした家庭内の文化伝達の差異と、それを部分的に反映している学校間格差によってである。しかも、ここで再生産される階層は、かつての教養層がそうであったように、たんに一般庶民が容易にアクセスできない知的な財の占有によってなされる象徴的特権ではもはやない。世代間で継承される知的な財は、それの所有の多寡が入学・就職に有利にはたらき、より多くの経済的な財の取得をも結果することをみるならば、一種の《資本》にも相当している。その《資本》をピエール・ブルデューが「文化資本」と呼んだのは周知の通りである（ブルデュー［1991］）。文化資本の配分は、家庭間でのその不均等性についてはこれまで社会的な統制の外に置かれてきたものの、学校教育、つまり文化資本の再配分装置である学校教育については、「平等化装置としての学校」論をはじめとして、これまでも論議されてきた。そして文化資本の配分をめぐって、家庭内不均等がそのまま擁護されるか、調整の対象になるべきかの問題としてこんにち注目されるのが、学校選択の自由化の問題である。

教育の配分が、将来の善き生（ウェル・ビーイング）の配分にそのまま直結するかどうかはもちろん保証の限りではない。それでも、人間としての社会的承認の配分にそれが現にむすびついている事実は否めない。いわゆる「輪切り」による進路指導は、たんに適性と教育機会のあいだのマッチングを効率的にすすめることに寄与するだけではなく、人びとのあいだで社会的承認を配分していくことにも役割をはたしている。その社会的承認にどれだけあずかれるかが、人間としての尊厳を大きく左右していく。それだからこそ、教育の選択原理としての自由は、教育の配分原理としての平等によって制約を受けなければならないのである。リベラリズムの立場からはこうした見通しが導かれるであろう。

しかも、教育の配分をめぐるこうした問題は、もはや教室空間のなかで――「生徒の個性や適性に合った教育を保障する」などの名目で――子どもの側の生得的な条件だけに責任を帰していくことができる問題ではないであろう。それはまた、学校と親とのあいだの契約や需給関係だけで決められてよい私的な事案にも矮小化していくことができない。つまりこれは、教育のいとなみを社会全体から供給される財の一種とみなしていくときに立ち現われてくる問題であり、そうであるから、ただたんに生徒に対する教師の配慮や、学校と親というような当事者間の私的な取り決めだけで結着を付けていけばよい問題にはおさまらない。これからの社会のあり方や見通しを定めた上で、全体的な立場から、教育についやされる資源の配分や優先順位などが決められていかなければならないのである。この意味で教育は公共選択（パブリック・チョイス）の対象である。いい換えれば、個人の意思だけでは自由に決めていくことができない問題、いや、というよりも、個人の意思自体が相互につらなり他者の決定によって制約を受けざるを得ないような決定過程が、現実の社会的なコンテクストのなかでの教育選択にはともなっている。そのため、集団的な決定の合理性を主題とする相互連環的意思決定の理論（インターラクティヴ・ディシジョン・セオリー）、つまりゲーム理論によって解明されなければならない倫理的な問題もまた横たわっているのである。

全体的な立場

しかし、問題の裾野をそこまで拡げていかなくても、足もとになお本質的な問題が未解決のまま横たわっている。それは、上述の「全体的な立場」なるものが何を指すのかという問題である。いい換えれば、一体誰が——国が？——謂うところの《全体》を代弁していくことができるのか、という問題である。このさい社会主義や福祉国家論などにみられる設計主義的合理主義（ハイエク）に立ち戻るのも、選択肢の一つであるかもしれない。しかし、そうした中央司令塔の再建をよしとしてこなかったのが現代社会であろう。このいわばバベル後の現代社会では、全体的な立場は「プライヴァタイゼイション」（私的分割化）の名のもとでそれぞれの個人の自由な意思に解体されてきている。全体は、誰か特定の人物、あるいは機関によって可視的に描きだされるものではもはやなく、プライヴァタイゼイションが帰趨する流動的な模様のなかで事後的にみとめることができるものでしかなくなっている。そこになお「見えざる手」によるお膳立てを期待する向きもあるかもしれない。あるいはまた、上述のゲーム理論を援用することで《全体》そのものを消去してしまい、文字通りゲーム感覚で配分の多寡を競い合い、結果がどうでようと正当化については不問に付すこともあり得よう。しかし、このように終末の見通しとそれへの積極的な介入をはじめから放棄してしまう限りでは、教育についての公平で公正な配分を議論にしていくための前提が崩れることになるであろう。

この点は、前述の「リベラルな教育のアポリア」以上に深刻なアポリアである。確固とした共通了解を見失った状況下でも、なお全体的な立場から教育のあり方を描いていくことができるのであろうか。教育のいとなみから哲学的な問題が立ち現われてくるのは、このように教育をバベル後の現代社会のコンテクストのなかに置きなおしていったときなのである。リベラリズムの立場の有効性が真に問われるのもこのときからであるが、それにしてもリベラリズムの立場は、それに拠ることによって現実のアポリアを取り除いていくアルキメデスの支点としてどこまで使い物になるであろうか。両義性、包括性、そして中立性を抱えたままのリベラリズムの立場では、支点として使うにはあまりにも表面が平たく甘くないか。こうした疑いを拭い去ることはできないかもしれない。

それでも、リベラリズムの立場にいっそう研磨を加えて、支点として鋭さを与えていこうというのが本書の秘められたねらいである。卓越主義的リベラリズム（perfectionisitc liberalism）はその解答例である。

[3]　社会のなかの教育

《社会全体のなか》で

経済界切っての論客の堤清二氏は、国の教育改革に向けても精力的に提言をしている。堤氏は、みずから主宰する改革案策定集団との討論のなかで次のように洩らしている。

「……教育の問題を議論する時に社会の全体の中で議論しなければだめだという認識がありまして、教育学専門の人と議論したのでは、かえっていまの教育の現状は見えてこないのではないかという認識がございました。」（堤［1999：140］）

「教育学専門の人」とはいえないし、まして現代の人でもないが、ジョン・デューイの名を想い起こせば堤氏の発言に反証となるかもしれない。よく知られているように、デューイは二〇世紀を目の前にして、工業化社会への不可避的な進展を予測しながら教育の見方の転換を促した。それは、自分の子どもがどれほどの成長を遂げたかという《個人本位の見方》から、これからの社会はどういう資質をそなえた人間を必要としているかという《社会本位の見方》への転換であった（デューイ［1915 : 7］）。教育思想史の古典的なテクストに、デューイが『学校と社会』（*The School and Society*, 1st ed. 1899）というタイトルを付けたのは象徴的である。

教育は社会のなかでなされている。この自明の理は、しかしこんにちデューイの時代とは較べものにならないほど難しい課題をわたしたちに突き付けている。というのは、社会の動き自体がわたしたちの予測をはるかに越え、誰もがリヴァイアサンの奔放な歩みに翻弄されているからである。社会の進展の消失点を見定めて、そこへの収束として社会の現状を描きだしていくという遠近図法が今使えないのである。そこで社会を現状の考現学（モデルノロジー）で切り取ることから出発する外なくなっている。それがポスト・モダンの風潮と相俟って社会学への傾斜をつくりだしているのは周知の通りであるが、教育学の分野でも、学校文化や若者のサブカルチャーの考現学が盛んである。しかし、それが社会構成体全体の動きの解明にどうつながるかが明らかにされなければ、堤氏のように時代の先読みをしようとする経済人を満足させることにはならないであろう。「教育学専門の人」に限らず、今わたしたちに求められているのは、何よりも「教育の問題を議論する時に社会の全体の中で議論しなければだめだという認識」である。教育の領域に囲い込んだ文化や価値ではなく、経済人の関心領域ともつながるような教育の描きだしが必要なのである。

聖域としての教育

推察するところ堤氏の論断は、「教育学専門の人」が教育の問題を《社会全体のなか》で議論するよりも、反対に社会の問題を《教育のなか》で議論していくという語り方を好んで採っていることに向けられているように思われる。《教育のなか》で社会の現状を批判的にみていくということ。しかも教育のあるべき姿――それを誰が描いていくのかが実は問題なのであるが――を擁護していくために、みずからの社会批判に正義の名をはじめから刻印していくということ。こうした「教育を守れ」的な議論のすすめ方は、「教育学専門の人」がしらずしらずのうちに身に付けてしまった習性ともいえよう。

教育の場は、たとえ一人ひとりの子どもの幸福を目指す聖域であるとしても、そこでの実践自体は現実の社会のなかでなされ、また社会のためになされている。しかもその実践によって達成される学習は、実践者がどのように努力を傾けても、いやたがいに競い合って努力をすればするほど、子どもたちの達成に不可避的に分散値を与えていく。それは実践者のあいだの力量の差にもよるが、教育を受ける者の側に本質的にある多様性にもよる。「すべての子どもは学習する」(オール・チルドレン・ラーニング)という合言葉が、新しい教育方法を提唱するときタイトルとしてつかわれたこともあるが、(3)それが意味するところは文字通りには受けとれまい。そこには技術的に不可能なことがふくまれているばかりか、論理的にみて意味を成さないこともふくまれているからである。だいいち、心理学の学習の定義――つまり、動物の行動変容の説明にまで適用される汎用の定義――との類比で「学習」を用いるならまだしも、子どもの学習に関する限り、「すべての子ども」が達成できる学習はもはや「学習」の名に価しない。(4)また、《教育のなか》で考える人には残酷に響くかもしれないが、《社会全体のなか》ではすべての子どもが同一の学習水準を達成する必要はない。学習の達成の分散が相殺され、総体として一定の水準がたもたれていれば、教育はシステムとして社会的に責任をはたしたことになる。人材の開発は、適度に分散した達成群が常時供給されることによって、はじめて社会の分業システムにリンクしていくことができる。それが「教育は社会のなかでなされている」というときの真意である。

プライヴァタイゼイション

世界の多くの先進工業国では、長いあいだ社会の公共的領域に属していた施策や機関、たとえば福祉や住宅の供給、通信・交通・金融などの機関が公的な規制から解き放たれ、私的に所有していくことが可能になり民営化に転じている。これから先、プライヴァタイゼイションの波は一体どこまで及んでいくのであろうか。それはどの程度にまで、またどの分野にまで許されていくことなのであろうか。——教育がこんにち多くの先進国で《社会全体のなか》で注目されてきているのは、このように、これからの社会全体のあり方を占うパイロット・プラントにそれがなっているからである。

教育は今、社会の生産・再生産の両機能をふくめて、そのさまざまな部門のなかで進行中のプライヴァタイゼイションに限界を画する境界領域に立たされている。喩えていえば、社会のなかでの教育の位置は波打ちぎわとも呰ともいえるところに位置づいており、押し寄せるプライヴァタイゼイションの波、グローバル・スタンダードをせまる国際化の波にさらされている。これらの波に金融部門、通信部門などはすでに呑み込まれているが、教育の部門でもそれに歯止めの原理がみいだせなくなれば、社会はこれまで保有してきた人材開発の機構や学問・文化の助成機構をふくめて、再生産の基幹的な装置を公的管理下から手放すことになる。それは、たんに教育のいとなまれ方についての改革を意味するだけではない。それは社会全体にとっても大きな構造変革のはじまりを意味している。教育の公共性の喪失は社会の基幹部門に影響を及ぼさないわけにはいかない。この意味で教育における公共性の擁護は、教育のあり方を《社会全体のなか》で議論していくときの中心的な課題となるのである。

教育の公共性

教育のいとなみは、教育を供給する側とそれを受ける側との需給関係だけで自立できるわけではなく、社会的な共通経費による支えとスタンダードとしての共通カリキュラムを必要としている。それは国による規制を正当化する根拠にはかならずしもならないが、教育に費やされる資源ばかりでなく教育の社会的効用を考えれば、教育の公共性は明らかである。なかでも、教育が何を目指すべきかの決定についてはそうである。それぞれの学校が独自の運営形態と創意あるカリキュラムで、「特色ある学校づくり」を競い合うのは好ましいことであるが、その改革によって目指される目的の望ましさについては公共の議論のなかで正当化され得るものでなければならない。仮に教育目的の設定についても私的な分割化が貫徹し、公共的な議論が閉ざされることになれば、それぞれの教育から産出される人材に社会は安定した未来を託していくことができなくなる。

このように、教育のプライヴァタイゼイションの波及効果は教育という閉じた部門の活性化だけに止まるものではない。その効果は社会全体の流動化を一気に加速させることにも現われてこよう。そこで今問われなければならないのは、教育という価値、いい換えれば教育によって実現される善さ（グッド）、そして財（グッズ）が、社会全体のなかでどのような性格をもつものなのかということである。

教育がはたしている機能の面から抽象的に規定すれば、教育は社会全体のなかで医療、福祉などとならんで労働力の再生産に関わりをもつ公的サーヴィスの一つである、とみることができる。教育は社会のなかで、財の生産過程それ自体では生産されることのない生産要素の一つである労働力を再生産しつづけている。したがって、教育によって実現される財は、労働力に価値を付加していく資源として規定していくことができる。しかし、この教育という資源は誰にでも自由にアクセスできるものではないから、社会的にみれば稀少財に属している。この種の社会的財の享受と配分には、個人の自由な選択意思にゆだねられる部分と、平等に供給されていかなければならない部分とがある。その釣り合いをめぐって、教育はさまざまな立場や考え方が交錯するフォーラムを成しているのである。

教育言説の再コード化

こうした原基的ともいえる問題に、これまで教育学は「教育固有の価値」を先取することによって応えてきた。つまり、「教育とはこういうものだ」という負荷された認識をコード化して、他の分野、とりわけ政治と経済の分野からの教育への要求や期待を非教育的な介入として識別してきたのが教育学である。そのことによって、教育学の学問としての自立性が受け継がれてきたが、しかし、それによって社会全体の諸機能のなかでの教育の中立性やましてや公共性が確保されてきたとみなすならば、明らかに倒錯であろう。砦としての教育は、外圧にさらされながら、社会の他の諸機能との連携のなかでしか孤塁を持ち堪えることができないのであるから、教育の価値もまた社会全体の諸機能とのつながりを見通せる公共性の地平において論じられなければならない。倒錯した教育学の発想をただして、あらためて教育の価値を《社会全体のなか》で再コード化していかなければならないのである。

以上のように、本書はリベラリズムの立場をめぐる論点を社会哲学、政治哲学、経済哲学、道徳哲学など広くいえば実践哲学の諸分野とともに共有していくことを目指している。いい換えれば、現代社会において教育に求められていることと、教育が現代社会に対して提起していることとを、リベラリズムの立場から探りながら、教育哲学を実践哲学の諸分野のなかに位置づけていく試みを以下では目指していくことにしたい。

註

（1）ただしそうはいっても、本書が依拠するのは「平等主義のリベラリズム」（egalitarian liberalism）を自認する法哲学者のロナルド・ドゥウォーキンや、「民主主義のリベラリズム」（democratic liberalism）を唱える社会哲学者のエイミー・ガットマンとおなじ立場であるというわけではかならずしもない。それらの立場との差異化は、本論のなかでふれていくことにする。ドゥウォーキンの所論については、第Ⅱ部・第四章「教育学教養の社会的拡大」で批判的にのべていき、ガットマンについては第Ⅱ部・第六章「多元的社会の現実化と教育哲学の展開」でふれていく。

（2）一九世紀のはじめの教育学の黎明期にドイツの大学で教育学の講義を担当した哲学者たちは、何よりもまず教育の必要性と可能性を前提に置くことから講義をはじめている。それらの前提がいったん確認されてしまえば、教育と教育学は外部からの動因なしで自己運動をしていくことになる。「人間は教育されなければならない唯一の生きものである」というカントの『教育学講義』（一八〇三）のよく知られた命題、また「教育学の根本概念は教育可能性（ビルドゥザームカイト）である」というヘルバルトの『教育学綱要』（一八三五）の出だしの命題は、教育が外部の世界から動因や秩序を与えられなくても、それ自体で回転運動をしていくオートポイエーシスであることを宣言するものであった。これらの命題群は、教育をしていく可能性と必然性が、どちらも教育される側にあることを自明視するものである。このように、教育をすることの究極の正当化を人間本性のなかに求めていくと、事物としての教育の側にもトートロジカルな本質規定が与えられていくことになる。すなわち――ふたたびカントの『教育学講義』から引けば――「人間は教育が人間からつくりだしたものである」「教育は人間から人間をつくりだすはたらきである」などと。

こうしたトートロジカルな正当化と規定が――「本質」の名のもとで――教育理論の中核に位

置をしめていくと、何のために教育するのか、何を目指して教育するのかはもはや教育以外の世界に説明の根拠を求めていく必要がなくなる。それらはすべて理論の側から、すなわち事物としての教育と認知的関心でのみ結ばれている理論の側から、説明がなされてしまう。要するに、教育理論によって説明が成り立つ範囲が教育の世界なのである。事物としての教育と、それを対象化する言語とは、教育理論を介して回路が閉じられたことになり、事物、言語、理論の三層の構造によって教育のオートポイエーシスが完結していくことになる。

かくして、教育に固有な世界の自律が、教育理論の生成・展開・継承によって裏づけを得ていくことになるが、とりわけてカント、ヘルバルトらの「教育学」（ペダゴジー）の伝統を受け継ぐ一九世紀のドイツでは、アカデミックな世界で「個別科学としての教育学」が市民権を得ていくにしたがい、教育の世界の自律化にはある種の客観的必然性があるかのような思い込みも増していく。ディルタイによって発せられた「普遍的に妥当する教育学は可能か」という問いかけも、実践者の願いや目的意識はさまざまであっても、それらの主観的な領域を超えたところに教育をつなぎとめておく客観的な目的があることを示唆するものであった。ディルタイはそれを、生きていくことという人間をふくめた生きものすべてに共通する内在的な目的に求めている。「内在的な」というのは、生きていくことという目的に関して、もはやそれ以上「何のために生きていくのか」を問うことが意味をなさなくなるということである（宮寺［1999b］）。

（3）完全習得学習（マスタリー・ラーニング）論の提唱者、ベンジャミン・ブルームは自著にこのタイトルをつけている（Bloom［1982］）。

（4）心理学の用語としての「学習」から区別される、教育学言語としての「学習」を、筆者は前著でややくわしく分析した。参照を乞いたい（宮寺［1997a：II部］）。

第二章　多元的社会と寛容社会

[1]　価値の多元化と多文化教育

社会の多元化が急速にすすんでいる。特に一九九〇年代に入って東西の社会体制を隔てていた「壁」が取り払われてから、それは文字通りグローバルに浸透していっている。しかも「社会の多元化」はたんに外延が広がっただけではない。内包もまた、さまざまな要素がからんでいっそう複雑になってきている。それだけに、これまで多元的社会といわれてきた国でも、教育のいとなまれ方は今後の社会のあり方とかかわって、一度根もとから考え直さなければならない局面を迎えている。イギリスはそうした教育改革を推進している典型な国の一つであるが、多元的社会への教育は、先進国ではどこでも急ピッチに必然化している。

現代社会の教育問題の基本的な構図を明らかにし、解決とまではいかなくとも、改革への見取り図を得ていく上で、リベラリズムの立場からの哲学的考察が重要な関わりをもっている。そうした考察が必要になるのは、現代の教育問題のなかに、価値多元的社会の現実化にともなって惹き起こされる問題が少なからずふくまれているからである。それらは、その根源、特に人びとが背負っている文化的なバックグラウンドの多様性にまで考察を向けていかなければ解決の見通しが得られない。本章では、そうした文化的、価値的な多様性にともなう教育問題へのリベラリズム教育哲学の関わりを明らかにしていくが、それに先立って、まず「価値多元的社会」と呼ばれるのがどういう社会をいうのかを、二つの象徴的な事例を取り上げて粗く描いていくことにしよう。一つはインドから、もう一つはイギリスから採った事例である。

《信仰》と《安全》

報道によれば、インドでも、近年になって二輪車の運転手と同乗者にヘルメットの着用が義務化されたという。(1) ただし、それには例外の規定が盛り込まれていて、戒律に従って頭にターバンを巻いている男性のシーク教徒の運転手にはヘルメットの着用義務が免除されているのである。いうまでもなくそれは、ターバンでも充分安全が確保されると判断されたからではなく、ターバンの上からヘルメットを着用させることができないからにすぎない。この例外規定に、まず女性のシーク教徒から反対運動が起こり、それに同調してイスラム教徒のなかからも反対運動が起こっている。反対派の主張は明快で、「法律は信仰を規制することができない」というものである。苦慮した政府当局は、シーク教徒に限っては女性の同乗者についてもヘルメットの着用義務を免除することにして、法律の全面的な施行に踏み切っている(2)。

しかしこれに対して、今度はインド国内で最大多数派のヒンドゥー教徒の側から、一部の宗教にのみ例外を認めるのはおかしいという異議がだされている。ヒンドゥー教徒は、すべての者にヘルメットの着用を平等に義務づけるべきである、と今なお主張しつづけている。その主張は、事実上はシーク教徒をターゲットにしており、かれらにターバンを脱いでヘルメットを着用するようにと迫っている。この要求に、異教徒に対する棄教の強要という意味合いがあることは否定できない。

一方、例外規定が盛り込まれた法律の施行は、取り締まりにあたる警察官にも実務の上で難しい仕事を課することになった。というのは、警察官はヘルメットを着用していない女性の同乗者について、いちいち信仰を確かめた上でなければ違反者を摘発することができなくなったからである。それればかりでなく警察官は、信仰のちがいで法律の違反者と順守者を識別するのは差別にならないか、という国際世論の批難にも晒されることになった。

インドでも、日本や欧米諸国と同じように安全をすべてに優先する価値—— overarching な価値——とみなして取り締まりを一律に強化していくのも考えられないやり方ではない。しかしそのようにすれば宗教戦争に発展しかねない。そのためインド政府は、《信仰の尊重》を《安全の確保》よりも上位の価値とみとめざるを得なかったのである。しかしそれでもなお問題は解決していかない。少なくともヒンドゥー教徒の側からすれば、問題は何ら解決してはいない。ヒンドゥー教徒にとっては、自分たちだけが法律の適用をまともに受けることになり、不公平だということになるからである。もっとも不公平だといっても、法律の適用を受けることによって身の安全がそれだけ増すことにはなる。

共通の枠組み

《安全の確保》と《信仰の尊重》の二つは、それぞれ単独で取りだせばどちらも「価値があること」とみとめられる。しかし、二つを一緒にならべていくと両立できなくなることがある。そうしたばあい、二つの価値が歩み寄って両者のあいだの中間点で妥協を図るという余地はまったくなく、いずれにせよどちらかの価値を優先していかざるを得ない。たとえそのときの判断が問題の全面的な解決に導かないとしても、いやそれどころかかえって別の問題を生じさせることになるとしても、どちらかの価値を公共的に優先していかざるを得ない。異なる価値のあいだでの調整の難しさをインドの事例は示している。

ヘルメット着用の義務規定をめぐるインドの事例は、「価値観の多様化」の名のもとで語られる価値の対立が、利害の対立のように相対的な位置価の差よりはるかに根深く、隔絶したものであることを示している。ここでの価値対立には、シーク教対ヒンドゥー教という信仰どうしの対立――マックス・ウェーバーのいう「神々の争い」――が背後に潜んでいるものの、直接問われているのは《信仰の尊重》と《安全の確保》という共通項をもたない異質の価値のあいだの対立なのである。一方の《信仰の尊重》は自己選択と自己責任に、他方の《安全の確保》はパターナリズムにそれぞれ正当化の根拠をもっており、原理の次元でも対立の終息はあり得ず、政治的な決着が図られていくより外はない。当然その過程は試行錯誤をふくむテンタティヴな過程にならざるを得ない。今回の法律の施行のように《信仰の尊重》を優先させることは、それによって価値対立に終止符を打つこころみというよりも、異なる価値がそのなかで共存していく共通の枠組みの仮設への第一歩を意味しているにすぎない。価値多元的社会で共通の枠組みを設定していく可能性は、諸価値のあいだに共通項をみいだすことよりも、たがいの価値観にどこまで寛容でいられるかの臨界点を探り合う努力のなかから抜けてくるのである。

「総合性」の隘路

イギリスでは、一九六〇年代のはじめから、中等学校のいわゆる三分立制の乗り越えを目指して、総合制の中等学校（コンプリヘンシヴ・セカンダリースクール）が各地区に設置されてきた。中等教育制度の一元化に向けての改革は、究極的にはイギリス社会の伝統的な階層制の廃絶を目指してなされてきている。一方大学への進学に有利なパブリック・スクールも、今なお人気が衰えていない。

衰えていないどころか、パブリック・スクールをふくめて私立校への志向は初等教育段階にまで降りてきている。それでも、こんにちでは大半の地区で総合制の公立学校が設置されているような状況にまでなってきている。

総合制の公立学校の導入と充実を、教育政策の中核にすえて強力に推進してきたのはいうまでもなく労働党である。「総合性（コンプリヘンシヴニス）の理念」に理論的な裏づけを与えてきたのも、労働党支持派といわれる教育学者である。この間、中央政界では保守党と労働党の政権交代が繰り返されてきているが、地方議会で労働党が多数派を占める地区を中心に、総合制の公立学校が着実に中等教育制度の主体となってきている。それは「総合性」に社会統合の枠組みとしての意義が期待されてきたからである。

しかし総合制の学校の推進者は、社会統合の理念の正しさはともかく、重い現実的な課題をしだいに背負うようになってきている。それは——総合制の導入の当然の帰結ではあるが——「同一機関、同一地域のなかでの多元性」をどこまでも擁護していかなければならないという課題である（Gundara［1982：109］）。この課題が過重であるのは、一九八〇年代以降イギリス社会での多元性はもはやたんに社会階層間の利害対立だけに止まってはいないからである。社会の多元性は、移民定住人種とその子どもたちが地域と学校にもち込む文化間の価値対立をふくんできている。この新たな多元性に適切に向き合うことができない限り、総合制は枠組みとしての意義を失うことになるのである。(3)

一九八〇年代の中頃、筆者はロンドンに在住中に次のような出来事に遭遇した。それは、市内の総合制の中等学校に入学してきたイラン出身の女子生徒に「スイミング」の授業を課していくことができるかどうかをめぐって起こったトラブルである。保護者がイスラム国出身で当人はイギリス出生という生徒は、インナー・シティーの学校ではすでに一九八〇年代にホワイト・ブリティッシュの生徒に匹敵する数に上っており、当該の女子生徒もそのなかの一人である。当時インナー・ロンドンの教育当局（ILEA）は、「スイミング」をすべての生徒が共通に履修すべき科目の一つと定めていたが、これに保護者が反発したため問題が表面化したのである。そのため、イスラムの戒律に従って全身を黒のチャドルで身を包んで学校に通うこの生徒に、「スイミング」を課していくことの是非があらためて問題になったのである。

申し出のあった生徒にだけ、必修科目を免じていくことも方策の一つではあった。しかし教育当局は特定の生徒だけを枠組みの外に置くような便法は考えないで、保護者とねばり強く折衝を繰り返し、「スイミング」を全員に実施する方向で合意を得ようとつとめた。最終的には、(1)希望者には一人だけの「スイミング」の時間を組む、(2)水泳室のすべての窓に暗幕を取り付ける、という実施細目を新たにつくり、当該の生徒にも他の生徒と同様に「スイミング」を課することで一応の決着をみた。すべての生徒を同じカリキュラムの枠組みのなかで教育していくという「総合性の理念」を崩さずにすんだのである(4)。

多文化と共生

価値多元的社会の到来に対応して、中心的な課題となってくるのは、そのなかで異なる文化的背景をもつ集団が共生していく社会的枠組みを設定していくことである。上の二つの事例は、その枠組みが自然発生的に成り立つものでないことを如実に伝えている。

これまでの階層社会でも、たとえば資本階級と労働階級との対立が社会の枠組みを揺るがしてきたことは事実である。しかし資本主義の生産を維持するには、生産の必須要素としての労働力の供給と再生産が持続的に確保されなければならず、二つの階級は、闘争を繰り返しながらも同じ社会体制の構成員として共棲関係を結んできた。この種のどの階層、どの階級にも帰属させていくことができないのが人種と文化集団の存在である。異なる文化集団が大量に、そして多様に流入してくるようになり、社会の構成部分を成すようになると、これまで多数者集団の生活と文化を中心に立てられてきた社会の枠組みは、はじめから組み直されなければならなくなる。

社会の枠組みの設定は何よりも政治の課題である。しかし社会の枠組みを継続して維持していくためにも、教育にも政治の課題は分有されていくことになる。教育の領域でその課題は、これまでも多文化教育によって担われてきた。つまり異なる文化間での相互的な理解をすすめていき、それによって共生への志向性を育てていこうという教育である。しかし、社会の多元化の急激な進展は多文化教育の可能性にも見直しを迫ってきている。

学校の正規のカリキュラムに取り込まれた多文化教育は、すでに一九八〇年代にラジカルな批判を受けている。それは主として反人種主義（アンチレイシズム）に立つ論者からの批判であり、その急先鋒であったのがバリー・トゥロイナである（宮寺［1997a：376ff.］）。トゥロイナは、論文「多文化主義を超えて」（一九八七年）で、多文化教育が人種的マイノリティーに対する「同化主義」的性格を完全には払拭していないことを鋭く指摘している。トゥロイナにとって問題なのは、もはや人種的マイノリティーに対する露骨な差別ではない。むしろ脱人種化した言説（ディレイシャライズド・ディスコース）により人種的マイノリティーに属する人びと――トゥロイナの念頭にあったのは「ブラック」――の同化を人間一般の社会化と同じレヴェルの教育課題として扱うことにより、人種的マイノリティーから文化的アイデンティティーを奪っていることが問題なのである（Troyna［1987：307ff.］）。

たんなる利害の対立を超えた価値観の多様化は、教育機会の一律の保障に難しい課題を投げかけている。それぞれの価値観に従って生きる文化集団に、できるだけ選択の自由を与えアイデンティティの確立に配慮していく方策だけでは、社会の多元化への対応は充分とはいえない。なぜなら、どの文化集団に属する親も、やがてはそれぞれの子どもを同じ一つ社会のなかに送りだし、そこで共存させていかなければならないからである。そこで多文化教育が要請されることになるのであるが、多文化教育自体にはなお未解決の問題がふくまれている。

リベラリズムのジレンマ

ここで参考になるのが、ワルター・ファインバークの整理である。ファインバークは、リベラリズムの立場から多文化教育を論じていく際、「文化についての学習」と「文化による学習」とを区別することが重要であるとしている。「文化についての学習」、とりわけて異文化の学習は個人のものの見方、考え方を拡げていく上でも意義のあることである。どの文化についても同じように平等に扱っていくようにするならば、「文化についての学習」の推進はリベラリズムの立場から正当化できる。しかし「文化による学習」の方は、狭隘な文化的決定論にも通じるためリベラリズムの立場から正当化するのが難しくなる。しかも「文化による学習」の多様性、とりわけて人種的マイノリティーに属する子どもたちに「文化による学習」の多様性をみとめることは、結果としてかれらから社会における経済的自立の機会を奪うことになり、リベラリズムの立場からは推進されることもなかった。そのため、リベラリズムは「多様性を犠牲にして、文化的統一性を強調することの経済的な利点」を支持してきたとファインバークはみている（Feinberg［1995：205］）。

いうまでもなく、リベラリズムには個人による文化の自己選択を認めないような教義はふくまれてはいない。しかしファインバークは、文化の自己選択に関してリベラリズムは二重の困難を抱えている、として次の二点を指摘している。「第一は、伝統的なリベラリズムの理論が個人の選択に置いている強調と、特定の種類の文化的信念と実践にあまりに早期のうちに優越性を与えるため、子どもの選択能力にカーテンを引いてしまっているという見方のゆえに生じる困難である。そして第二は政治的な理由であるが、それは社会的連帯とまではいわないまでも、社会的な調和が公共領域における文化的な統一性の水準しだいである、という理由から生じる困難である。」（Feinberg［1995：205］）。

人は文化を選択する自由を許されているが、その自由を享受するに先立ち、選択能力自体が特定の文化によって形成されており、それゆえすでに傾向性をおびている、というジレンマがリベラリズムの教育理論にはつきまとっているのである。

こんにちリベラリズムが抱えている問題は、個人の自由な選択が阻止されているということ、あるいは、選択自体が限られた選択肢のなかからの選択にすぎないということ、一言でいえば自由な選択が充分に保障されていないということにあるわけではない。個人の選択意思がそれ自体で正当化されてしまうこと、つまり「個人の選択の特権化」こそが問題なのである、とファインバークはみている。アメリカの伝統的なリベラリズムでは、個人の選択は擁護されるものの、その個人は共同体に対して責任を分有し、相互支援の用意を備えていなければならなかった。「しかしながら重要なのは、これらの共同体が自発的な共同体であり、個人の選択を通して構成される共同体である、という点である。」（Feinberg［1995：206f.］）仮に個人の自由意思で共同体への参加や責任が選択されたり、されなかったりしたならば、共同体は維持されないばかりか、個人の選択自体も場を失うことになる。そこで、各個人がシティズンシップをもつことが要請されることになり、「個人の選択を方向づける（ディレクト）ことではないが、それを助成する（ファシリテイト）ことが教育の役割とされる」というのである（Feinberg［1995：207］）。

個人の選択を、共同体への自発的な参加と相互支援によって《実質化》しようとするファインバークは、明らかにリパブリカン（共和主義）の立場を支持している。最近の教育改革をめぐる論争で、個人の選択は改革の推進原理の一つと見なされているが、そこで充分認識されていないのは、「学習における文化という要因の役割」である、ともファインバークは指摘している。個人の選択自体が、特定の文化の成員としての個人の選択に外ならず、「わたしは個人として選択しているというのは、まさに文化がわたしの個人的な選択にいかに深く絡みついているかを忘れており、……共同体は文化の担い手であり、人びとがする選択に意味と意義を与えるのは文化である」（Feinberg［1995：207］）。このように多文化教育は、保守派のリベラリストの側からは個人の自由な選択への歯止めとして意義づけられてきているのである。

それに対して、ジョン・ホートンによれば、「多文化主義」（マルチカルキュラリズム）という用語自体に難点がふくまれている。この用語によって、一つひとつの文化の内部での等質性（ホモジャニアティー）と、文化相互のあいだでの独自性（セパレイトニス）がともに強調されすぎることである。つまり、一つひとつ独自性をもった文化があり、それらの差異には共約可能性がないということが、この用語により一面的に強調されてしまう。一方、「多元主義」（プルーラリズム）ではこの含意は避けられ、差異を超えた全体的なまとまりのなかで多様性・多元性の尊重が強調される。しかしその反面、意味のある差異と、あまり意味のない差異――たとえば個人的な選好など――との区別が付けられないまま、多様性・多元性の尊重が語られてしまうというあらたな難点が、「多元主義」には付きまとっている（Horton [1993 : 3]）。

文化的共同体への帰属の差異、そしてそれに由来する対立は、文化にそれぞれの成員のアイデンティティーの根幹が関わっているだけに相当に抜き難い。しかし、この差異と対立が社会と社会とのあいだで生じているとき――それはよくあることである――には、人類文化の活性化につながる面さえみられ、問題とすべきことは少ない。文化間の差異と対立が問題になるのは、社会間のボーダーが希薄になり、広域的な交流が日常的になってくるときである。また、問題がさらに深刻になるのは、同じ一つの社会の内部に差異と対立がみられるようになるときである。「寛容であること」に価値が与えられなければならなくなるのは、そうした局面である。

寛容それ自体はリベラリズムの価値である。人がそれぞれの価値観を保有することについてリベラルであるためには、その前提としてすべてを包括する価値―― overarching な価値――としての寛容が人びとに受け入れられていることが必要である。しかしこのリベラリズムの価値としての寛容を、「リベラルであること」に価値を置かない人びとにも同じように受け入れさせることができるであろうか。つまり、寛容をリベラリズムを超えたいわば普遍的な価値にしていくことができるであろうか。それが問題である。

ホートンはリベラリズムの価値としての寛容を、つぎの三点で同定している。⑴認められない（少なくとも好きになれない）ある種の行為があるときで、⑵強制力でもってそれを妨げるべきではないときで、(3)かといって黙認や忍従しているわけではないようなときが、「寛容であること」である、と(Horton [1993 : 4])。各人の価値観への不干渉と矛盾しない限りで、寛容の必要性を正当化しようとすれば、こうした同定で満足しなければならないかもしれない。しかしこのリベラリズムの価値としての寛容には、ホートン自身がみとめるように、パラドックスが付きまとっている。というのは、ある行為の否認と、その行為に「寛容であること」の正当化とは道徳的にみて両立できないからである。

次節では、あらためて寛容の正当化と寛容を価値とする社会のあり方についてさらに検討していくことにしたい。

[2] 寛容社会と卓越主義的リベラリズム

寛容の基礎論

「寛容であること」を必要とし、また価値あるものとするのは一体どのような考え方によるのであろうか。その寛容を価値とする社会はどのような社会なのであろうか。

寛容は、それが表面にでた寛容な態度や信念や性向——以下、一括して「寛容な態度」と呼ぶことにする——そのものだけで価値があるとみとめられるわけではない。寛容の価値は、決して外に表われでたその態度の整合性や一貫性などの形式面で判断されるわけではない。つまり誰に対しても「寛容である」からといって、格別に価値づけられるわけではないのである。寛容の実質的な価値は、むしろそれを必要としそれを価値あるものとする基礎論によって、いわば内側から与えられるものである。したがって、寛容の意義と価値を明らかにするにはその基礎論（アンダーピニング・セオリー）に溯ることが欠かせないのである。

表面的には「寛容である」と思われるような態度、たとえば「人のあやまちを咎めない」「異教徒を受け入れる」「ポルノグラフィーの愛好をゆるす」などの態度をとっても、なぜそのようなことをみとめるのかの基礎論に溯らなければ、それらの態度を価値づけることはできない。それを決めるのは基礎論しだいなのである。

懐疑論と相対主義

自分が善いと思う考えに従って、一貫して自身の生き方を貫くことは善いことである。しかしその同じ考えで他の人の生き方を導こうとすれば、かならずしも善いこととはされない。その理由は、相手の人にはその人なりに善いと思う考えがあるからである。

それでは、自分で善いと思う考えをその人にも抱いてもらうことがどうして善いことではないのか。どうみても善いとは思えないその人の考えと生き方を、自分が善いと思う考えと生き方に変えさせることが、どうして善いこととはされないのか。一体人はなぜ寛容であらねばならないのであろうか。

この疑問に対して、ただちに思い浮かぶのは次のような回答であろう。それは、

(A)　自分が善いと思う考えと生き方も絶対的に善いわけではない。反対に、他の人の生き方の方が善い生き方である可能性も充分にある。要するに、他の人に自分の考えと生き方の方がより善いと証明できる人は誰もいないということである。そうである以上、他の人に自分の考えを押し付けるわけにはいかない、

という懐疑論者の回答である。

これとよく似た回答だが次のようなものもある。すなわち、

(B)　自分には善いとは思えないが、その人の考えと生き方もその人にとっては善いものである。それはちょうど、自分が自分の考えと生き方を善いと思っているのと同様である。だからこちらの考えを押し付けるわけにはいかない、

という相対主義者の回答である。

「誰も自分の考えの正しさを証明できない」という懐疑論（スケプティシズム）と、「その人の考えは、その人にとっては善いものである」という相対主義（レラティヴィズム）の二つはたがいに補い合いながら、これまで寛容の有力な基礎論を成してきた。政治上の寛容、宗教上の寛容、思想・信条や人種にかかわる寛容などは、いずれも懐疑論と相対主義を基礎論として価値づけられてきている。

問題は、このような基礎論によって「寛容であること」に本当に《価値》が与えられるのか、と

いうことである。

卓越主義

上記(A)のような懐疑論者の回答も、(B)のような相対主義者の回答も、善い／悪いの価値判断を下すことに慎重なスタンスを採っており、この点では共通している。たしかに、価値判断は事実の検証により決着がつく真偽判断とはちがう。だいいちそれは誤りやすい。いや、誤りであることの確証さえ付けにくい。また人の一生の生き方など、短いスパンで善い／悪いの絶対的な判断が下せるはずもない。そこでひとまず判断を停止することになり、それが寛容な態度となって表われるのである。

しかし、こうした懐疑論や相対主義にもとづく判断停止が「寛容であること」の基礎論であるとすれば、何としても根拠が薄弱である。そういう寛容は、誠実さに欠ける点で価値としての資格が疑われるであろう。「わたしはお前の生き方が気にくわない。だが、わたしの生き方も相当にいかがわしい。だから見逃してやる」といっているようなものであるからである。そういう寛容な態度に、一体どれほどの価値がみとめられようか。

そうした後ろめたい基礎論ではなく、前向きで積極的な基礎論はあり得ないであろうか。「寛容であること」に、もっと胸をはれる基礎論はないものか。それへの示唆は本節の冒頭の一文にすでに与えられている。すなわち、

(C)　自分が善いと思う考えに従って自身の生き方をしていくのは善いことである。自分で自分の考えを練り上げ，自前で生き方を築いていこうとしている人に，こちらの考えと生き方を押し付ける必要はないし，それはその人の自律性を傷つけることになるおそれさえある，という回答である。

この回答は，人それぞれの自律性にもとづく責任と努力を尊重するもので，これが卓越主義（パーフェクショナリズム）の回答である。この回答と前述の懐疑論，相対主義の回答とのちがいはそれぞれ微妙である。しかし，そのちがいを曖昧にしておくことはできない。わたしたちが寛容の意義を明らかにし，それを価値づけることができる基礎論はこの卓越主義から与えられるからである。

卓越主義は，懐疑論，相対主義にかわる寛容の基礎論として積極的に評価されていく必要がある。たとえばイギリスの法哲学者ジョセフ・ラズは，卓越主義的リベラリズムの立場から，説得力のある寛容論を展開している（Raz［1994：chap. 4］）。

ラズのいう卓越主義的リベラリズムは，アメリカの社会哲学者として名高いジョン・ロールズのような弱者の福利にシフトした厚生主義（ウェルフェアリズム）の立場や，同じアメリカの法哲学者ロナルド・ドゥウォーキンのような，権利論に依拠する平等主義（イガリテーリアニズム）の立場とも異質で，それらを乗り越えるものをふくんでいる。というのは，ラズによれば，相手が弱者であるがゆえに「寛容であること」や，相手を平等に遇するために「寛容であること」は，どちらも相手の人を人間として真に尊重したことにはならないからである。相手の弱点や、相手の認識のレヴェルの低さを了解しつつも相手に対して「寛容であること」は、結局はその人を愚弄することと変わりがないからである。

相手の人の自律性（オートノミー）を尊重しつつ、その自律性を実質化していくための具体的な手立て――教育はその手立ての一つ――を積極的に講じていく。そうしてこそその人を人間として尊重したことになる。そうした、人間としての卓越性への志向を有する者どうしのあいだで、はじめて「寛容であること」は価値をもつことになる。

しかし、卓越主義の立場は、人と人のあいだの志向性（インテンション）のちがいがやがては乗り越えられ一元化していくであろう、という楽観的な想定をしているわけではない。むしろその逆で、そこに多様性があることを積極的に受け入れている。つまり価値多元主義（プルーラリズム）の見方に立っているのである。それでは、卓越主義の立場からは、人と人とのあいだの考え方の相違はどのようにみられていくのであろうか。

「リーゾナブル」と「ラショナル」

人は、自分の考えと異なる考えばかりでなく、自分の考えと対立する考えをも、どのようにして受け入れることができるのであろうか。しかもその際、人は自分の考えを変えたり、引っ込めてしまったりするわけではない。自分の考えを依然としてもちつづけながら、しかもそれと食いちがう他の人の考えを同時に受け入れる。そうしたことが不整合でも、不誠実でもないのはどうしてなのか。ここに「寛容のパラドックス」とでもいうべき問題がある。

まず、現代イギリスの代表的な道徳哲学者、バーナード・ウィリアムズの見解を聞こう。ウィリアムズは、人びとの考えのあいだに合意が成り立っているのが正常で、人びとの考えのあいだに多様性（ダイヴァーシティー）と不一致（ディスアグリーメント）があるのは説明を要する異常事態であるとみるのは適切ではない、と述べた（Williams［1985：132f.］）。これは、価値観が多様化した社会で、人びとが共存していく生き方を示した標準的な見解といえよう（宮寺［1997a：191f.］）。

しかし、考え方の多様性をみとめ自説と対立する考えにも一定の理解を示すことができるのは、ラズの見解ではかならずしもラショナルな反省からではない。それは、たんなるリーゾナブルな態度からそうしているにすぎない。つまり、他の人に対するリーゾナブルな態度と、証拠によって裏づけられているラショナルな反省とははっきり区別されるべきなのである。ラズは、他の人の考えとのあいだの不一致がリーゾナブルな不一致であることもあるとみとめるが、しかしそのことで自分の考えの正しさの確信が揺らぐわけではない、という（Raz［1994：89］）。集められた情報とその理解力の範囲内で、相手の人が自分とは対立するリーゾナブルな考えをだすこともみとめられるが、だからといって、かならずしもそれは、証拠に裏づけられている（と確信する）自分自身のラショナルな考えが成り立たなくなることを意味してはない。たとえお前の証拠は成り立たないという相手の反論を、リーゾナブルなものとみとめるとしてもそうである。したがって、自分の考えと対立する相手の考えをリーゾナブルとみとめることは、自分の考えが可謬的であるのをみとめることではないのである。

それにもかかわらず、「それがリーゾナブルであるかどうかにかかわりなく、誰かがある考えを抱いているというまさにその事実をみとめることが、寛容を擁護する議論となる」とされることもある。このような見方をラズはしりぞける（Raz［1994：91］）。というのは、考え方に多様性と不一致があること自体は、「寛容であること」を要求する事態ではないからである。リーゾナブルとみとめられた見解だけが、限定づきで寛容の対象となるだけなのである。

たとえばA氏は、B氏の信念は自分の信念とは正反対であり、それは正しくない、と信じている。しかし同時にA氏は、人は誰でも人間として尊重されるべきである、とも信じている。その結果A氏はB氏に寛容な態度をとることになった、という場面を取り上げてみよう。

この場面でA氏がB氏に寛容であるのは、B氏の考えがリーゾナブルであるとみとめたためではない。たんにB氏を尊重されるべき人間の一員とみとめたからにすぎない。これも前述の懐疑論の一変種――ラズの用語法でいえば「半懐疑論」（セミスケプティシズム）――である。この種の懐疑論はまた、自分自身の考えに確信が置けず、そのため自分のとは異なる考えを抱く者に対して、「もしその人が自分自身の願うままに人生を送るならば、かれの成功も失敗もかれの責任である」とみなして、不干渉を決め込むことにも表われている（Raz［1994：92］）。

自分自身はあることを「善い」と信じていながら、相手の人がそれと対立する別のことを「善い」とすることにも同じ程度の正しさがある、などと論理的には矛盾したことを信じている人がいる。ラズによれば、こうした人は実際には相手の人の正しさを信じているわけではない。ただ、「あたかも善さについてのその人の考えが正しいかのように振る舞っているだけである」（Raz [1994 : 92]）。卓越主義の立場からは、こうした態度は価値づけることができない。

選好の多様性

それでは、人と人とのあいだの考え方の多様性の本質は一体何なのであろうか。この問題を検討していく際、人びとの選択的な嗜好、つまり選好（プリファレンス）には二つの種類があることを知り、それらを明確に区別していくことが重要である。すなわち、《自分自身》があることを行ったり、所有したり、選んだりすることは善いとする選好と、《自分ではない誰か他者》があることを行ったり、所有したり、選んだりすることは善いとする選好の二種類である。

ドゥウォーキンがこれら二種類の選好をそれぞれ「個人的な選好」（パーソナル・プリファレンス）、「外的な選好」（イクスターナル・プリファレンス）と呼んで厳格に区別したことはよく知られていよう。個人的な選好は、たとえば、自分は自分の子どもを健常児だけの普通校に入学させるのがよい、というような選好であり、それに対して外的な選好は、障害児の親はかれらの子どもを養護学校に入学させるのがよい、というような選好である。『権利論』（*Taking Rights Seriously*, 1978.）の著者のドゥウォーキンは、個人的な選好からではなく、外的な選好からある種の決定が公共的になされてしまうのを食い止めるためにこそ、《権利》は意義をもつとした（Dworkin［1978：234］）。

上述の例を使えば、権利は、健常児の親たちの外的な選好で障害児の就学先が決定されることに対して、障害児の親が自分自身の個人的な選好を主張するようなとき、はじめて意義をもつ。親の学校選択が権利として正当化されるのも、こうした文脈においてである。外的選好にもとづく要求は、「権利」の名で主張されうることではない。たとえば、障害児がその障害の程度に応じて養護学校など特殊教育諸学校に就学するのは権利である、などという主張は、それが障害児の親自身から主張されるのでない限り、「権利」の濫用にあたる。

同様に自分自身にはポルノはみせてもらいたくない、という選好は「権利」の名のもとで唱えられても（「嫌ポルノ権」？）、人びとにはポルノをみてもらいたくないという選好は「権利」の名のもとでは唱えられない。また嫌煙権が権利としてみとめられるのも、他者が吐きだす煙を吸いたくないという個人的な選好にもとづいているのであって、他者の健康を気遣う外的な選好にもとづいているわけではない。ただし、嫌煙権もまた喫煙家の選好の制限を求めるものであり、仮に喫煙家の方が喫煙権を主張してきたとしたら、どちらの権利にプライオリティーがあるかという問題が生じよう。

もっとも、論点を権利のプライオリティーにかかわる高次の審級に押し上げなくても、嫌煙家の選好と喫煙家の選好とは《分煙》の徹底によって共存していくことも可能である。しかし、健常児の親と障害児の親の選好の場合は、この《分煙》方式で共存させることはできない。それは技術的に不可能であるばかりでなく、論理的にも不可能である。なぜなら《共育》を求める障害児の親の選好は、「発達に応じた教育」の名の《分離教育》によって、はじめから挫けさせられてしまうからである。つまり両者の選好はたんに対立しているだけではなく、矛盾しているのである。

それでは、自分の子どもは健常児だけのクラスで勉強するのが善い、という健常児の親たちの選好は個人的な選好なのか、あるいは外的な選好なのであろうか。反対にまた、自分の子どもは健常児と一緒に《共育》されるのが善い、という障害児の親の選好は個人的な選好なのか、あるいは外的な選好なのであろうか。どちらの選好も他者が何かをすることを選好しているわけではなく、この意味では一概に「外的」な選好とはいえない。ただ仮に個人的な選好とみなすとしても、どちらの選好も他者の選好に影響を及ぼさないではおかないような選好であり、ジョンJ・S・ミルのいうたんなるセルフ・リガーディングな選好ではない。そうであるとすれば、一体どちらの選好がプライオリティーをもつことになるのかの判断は、どのように下されるのか。

あるいは、どちらの選好も相手の選好に対して同じ程度に「権利」の名で主張されうるものとみなされべきなのか。仮にそうであるとすれば、「権利」の名のもとでの議論は最終的にデッドロックに乗り上げてしまうことになる。

卓越主義と民主主義

そのようになってしまうのは、人びとのあいだの異なる選好、わけても対立し合っているような選好を、できるだけ対等（イコール）なものとして扱おうとするからである。それはちょうど、どのような人にも各人の個人的な特性にかかわりなく同じ一票の行使が、いや一票だけの行使が平等にみとめられるのと同様の発想である。こうした、いわば一人一票主義の民主主義は政治的な決定場面ではごく当たり前の基本的ルールであり、そのもとでは決定への参画、つまり一票の行使の際どういう選好や判断が背後にあったかは問われない。選好や判断の成熟の度合いで、ある人には二票が、また三票がと重み付けが変えられることもない。そういうことがなされれば、それこそ民主主義に反する偏向とみなされよう。

このように一人一票主義の民主主義においては、たがいに相いれない選好とそれにもとづく多様な価値観は重み付けにおいて等価なものとなり、それぞれのいわば得票数において比較可能なものになる。要するに、一つひとつの選好はそれぞれの背景から独立して査定を受けることになり、個人的な選好と外的な選好との区別も意義を失う。ただどれだけの人がその選好を支持しているかで、評価を異にすることになる。そうした抽象化の操作によって、はじめて《最大多数の最大幸福》がどこにあるのかが公共的に決定されることになる。これも、いやこれこそが一人ひとりの自由な意思を対等に尊重した公共的な決定であり、この意味でリベラリズムを基調とする民主主義の正当な考え方である、といわれるかもしれない。

しかし、これが本当に一人ひとりの個人をその独自性と自律性において尊重することにつながるのかといえば、疑問であろう。少なくとも、これだけがリベラリズムを基調とする民主主義の正当な理解であるわけではない。むしろ、一人一票主義の民主主義観は、功利主義（ユーティリタリアニズム）という特殊な社会観にもとづいており、決して普遍的に支持される前提にはもとづいていない。功利主義の社会観は、一人ひとりの考え方のちがいをそれがもたらす帰結で一律に査定し、それらの帰結を足し合わせた総和の最大値に社会的な幸福の基準を求める社会観である。つまり功利主義の社会観は、本質的に帰結主義であり、総和主義である。こうした功利主義の社会観を相対化した上で、民主主義の基調にあらためて卓越主義的リベラリズムをすえることによって、寛容社会の展望が拓かれていくのである。

註

（1）NHK総合テレビ、ニュース9（一九九七年一二月一日）「ワールド・ウォッチ」。

（2）法律の施行は一九九七年一一月一日から。適用地域はデリー特別区に限定されている。シーク教徒のヘルメット着用免除は、イギリスでは既に一九七六年の「宗教特例法」で規定されている（松井［1994：4］）。

（3）「総合性の理念」をめぐる議論は、一九八〇年代を境目に大きく転換している。その実例がハーグリーブスにみられる。本書第五章で述べていく。

（4）ちなみに、多人種社会に対応する独自のカリキュラムの開発に取り組むなど、地道な努力を重ねてきたインナー・ロンドンの教育当局（ＩＬＥＡ）は、サッチャー保守党政権のもとで成立した「一九八八年教育改革法」の規定（一六二条）により、一九九〇年四月一日をもって廃止されることになった。

第三章　教育目的論の可能性

[1]　はじめに

現代は教育目的論が不毛な時代である。教育の目的について考えることは重要とされているが、諸説の紹介や教育基本法第一条（教育の目的）の解説などのサイド・トラックで考察を止めるならまだしも、自説をストレートに開陳していくとなると、独り善がりな一家言と決めつけられてしまう。それは次のような思惑が教育目的論には付きまとっているからである。

今さら「教育目的論」というようなテーマを掲げても、何か目新しいことがいえるわけでもあるまい。だいいち、そういう抽象的なテーマでは何でもいえてしまう。あらたまって「目的はこうだ」と言明しなくても、教育をしていくことができるし、現に教育はなされている。それゆえ教育の目的は公論の対象にしていかなくてもよいテーマである。教育目的が細部にまで公式に規定されてしまうと、かえって実践の自由な展開が制約を受け、独自の価値観を抱く人びと、特に人種的マイノリティーの人びとの幸福追求を阻害してしまうことになる……などと。

このように、多くの人びとはこんにち教育目的論の可能性に疑いを抱いている。たしかに、これまで『教育(の)目的論』の名でだされた書物には、内容が標題のテーマに焦点化されていないものがあり、それらは「教育本質論」と名付けられても全体の趣旨から逸れることがない(1)。しかし、「教育目的論」の名で取り組まなければならないテーマがあることも確かで、本章ではそれを一つ明らかにしていきたい。それは「教育目的の正当化論の探究」である。

教育の目的がさまざまな価値観から述べられていくなかで、「これこそが教育の目的論としてふさわしい」というようなことがどのような根拠からいえるのであろうか。教育目的の正当化は——どの次元での教育かにもよるが、公教育のばあいでいえば——実際には法制上の整合性や実践現場への適合性が確認されれば成り立つものとされる。しかし、そうした既成事実にもとづく正当化の仕方がこれからもあてはまっていく保証はない。価値多元的社会における教育目的は、それを正当化していく基礎理論を明確にした上でなければ、すべての人に受け入れられることがないからである。ここでいう「すべての人」には、社会の構成員として新たに加わってきた人種的マイノリティーの人びともふくまれている。教育対象が次々に拡がっていく社会においては、教育の目的は既成性だけで正当化されることはない。一度立てられた教育目的が独善的、排他的なものになってしまう可能性は排除できない。価値多元的社会における教育目的は、正当化されつづけていかなければならないのである。

[2]　現代と教育目的論の課題

過剰と喪失

現代の教育は目的論を失っているという指摘がある。その一方では、現代は「教育目的の喪失」で悩んだりはしていない、むしろその反対であるとする率直な指摘もある（森田［1992：33］）。それは、教育を受けることの目的をはっきりと学歴取得や学力向上などの実利と結び付けている親や子どもについてばかりでなく、教育をしていく側の学校と教師についてもいえる。学校は意図的教育の機関として当然といえば当然であるが、目標の明確化と具現化の上で教育計画を立てている。教科活動の時間はもとより、清掃から給食の時間に至るまで、日課表に掲げられているどの活動をみても目標やねらいなしでなされているものはない。学校で生徒が携わる活動は、教育課程に組み入れられる活動である限り、すべて目標によって意義づけられている。

学校経営の現代化の掛け声とともに、「教育課程の目標管理」もまた推進されてきた。教育経営学の専門家によれば、それのねらいは「目標で経営を管理する」こと、特に「教育課程を教育目標で管理する」ことにより職員全員に目標の実現に向かう目的意識をもたせることにあるとされている（伊藤［1981：71］）。

「目標で管理する」という以上、目標自体は所与のものであり、それの妥当性は究極的には教育法制のハイアラーキー——日本のばあい、その頂点に憲法および教育基本法がある——によって支えられている。このことからしても、既成性と目的合理性を前提にした効率性の追求という経営学の発想が、教育課程の管理を通して教師の教育活動のすみずみに浸透していることが分かる。その反面、この発想法には目的の手段化というパラドックスばかりか、目的の主観化、いい換えれば心理化というアイロニーも付きまとっている。目的（テロス）といえば、本来方法（メタホドス）がそれへの到達を目指す究極点を意味しており、すべての教育的営為がそれを焦点として円環運動をしていく本体（オンタ）のようなものに相当していたはずである（宮寺［2000a：171ff.］）。しかし、そうした同心円状の展開図が学校の内部で自主的に描かれることは稀になってきている。多くの学校では、独自の教育目標を自前で開発するという煩わしい作業から解放され、かわって天下る目標を押し戴けばよいだけとなっている。目標実現への目的意識さえ喚起しておけば、学校経営の下地は調ったようなものなのである。こういう状況こそは「教育目的の喪失」そのものといえよう。

目的の本体論議

とはいえ、こうしたシニカルな観察を振り払って、教育目的は何かといった本体論議からはじめていく必要が今さらあるであろうか。そうした論議を蒸し返して、教育目的について何か実質的な合意が得られる保証が今なお残っているであろうか。

祭司体制か独裁体制のように、体制の行方が特定の個人や機関に握られているような社会を想定すれば、教育目的を仔細に定める必要性も可能性もあるであろう。そうしたビックブラザーが統べる社会ならいざ知らず、わたしたちのような社会では、体制のあり方は成員間の意思疎通のなかでいくらでも動いていくし、その方が一元的な目的で管理される社会よりもよいとされている。変化の激しい現代社会では、教育目的の一元的な制定はかえって桎梏となり、脅威ともなる。かつての「道徳時間の特設」（一九五三年）や「期待される人間像」（一九六六年）をめぐる論議――それらは教育論議というより政治論議に終始した――を想起するまでもなく、国による教育目的制定の企ては中身の善し悪し以前に、誰が、何の権限で、どうやって定めたかという手続き論のところで議論が止まってしまう。参加型の民主主義政体のもとでは、教育目的の本体論議と手続き論議は切り離していくのが不可能なほど関連している。そのため、多様な価値観が受け入れられる社会では、学校教育を通じて特定の価値を行き渡らせようとすれば、たとえ非の打ちどころのない徳目が得られたとしても、発想自体が「歴史的には反動的で、政治的には全体主義的で、倫理的、教育的にみれば独断的」な企みとなってしまうのである（ヘッフェ［1991：65］）。

目的の正当化

それでは、国による教育目的の制定に批判的な側からは、どのような代案が提出可能であろうか。何より考えやすいのは、国による恣意的、権力的な制定にゆだねることを避けて、できるだけ普遍的、客観的な原理にもとづいて教育目的を定めていくことである。たとえば、かつて進歩的な教師のあいだでは、「科学と教育を結合することによって、『期待される人間像』に対抗し得る『人間像』ができるんだという楽観的見通し」が支配的で[2]、すべての者にこれだけはと願うような共通価値を無媒介に定式化していくことに否定的な見解がだされたことがある。科学こそが共通価値の源泉であり、媒体であるというわけである。しかし「科学」として明確に対象化できないような知や経験もあるはずで、その領野の多様性・多面性にまで価値の源泉を拡げていけば、一つひとつの価値領域について、「どこからどこまでが科学=共通価値として設定できるか」という問題をあらためて議論していかなければならない。こうした議論――オトフリート・ヘッフェのいう「根本価値（グルンドヴェルテ）論争」――からはじめていくとなると、教育目的の定式化は途方もなく大きな作業となる。そのため各学校での「教育目標」については、包括的な定式で、しかもできるだけ行動主義の表現形式で書き上げられるのが普通で、基礎にある価値観に言及されるのは稀である。その限り学校関係者のあいだでは、合意された教育目的を定式化していくのはそれほど難しい作業とは感じられないのである。

学校のような公教育についてはそれでよいかもしれない。だが私教育までふくめるならば、わたしたちはわたしたち自身と子どもの将来にかかわって、包括的な目的の定式で合意を装うだけでは済まされない思いや願いを教育に対して抱いている。しかも内面の思いや願いを晒けだし、教育目的をできるだけ客観的なものに擦り合わせていこうと図ることもしていない。受験生を抱える親のように、それぞれの願いが相互に排除的なばあいは、目的の共有自体が矛盾を孕んでこよう。教育の目的は包括的な定式から細目にまで下降していくと、しだいに個人の私的利益と結び付いていき、もはや公論の場で決着を付けるべき案件ではなくなってくる。率直なところ、公共財としての教育の配分法を教育の目的論に遡って論議するよりも、わが子に頑張らせた方がはるかに手っ取り早い。そのため、教育の目的に関して立場や利害を超えた論議の手続きなどは必要とされなくなっている。教育における私事性の原理は、何よりも親たちのわが子に対する思いにこそ貫徹しているのである。

わたしたちの社会では、多様な価値観が併存すること自体が価値とされ、個人に内面の自由をゆるすことにも価値が認められる。そうした価値選択の自由が保証される社会で、反動的とも全体主義的とも独断的とも非難されないしかたで、「教育の目的はこれだ」とどこまで特定していくことができるであろうか。価値観が多様化していく現代社会にあって、どの価値観とも矛盾しない共通の統一的な教育目的を細目にわたって立てていくのはできることなのであろうか。かつて、人びとの価値意識の共通項を「教育目標のタクソノミー（分類学）」として表示するこころみがなされたことがあるが（Bloom［1969］）、それももう一つの価値観を参入させただけにおわっている。「共通の統一的な目的」の正当化―― authorization ではなく justification ――は、一体どのようにしてなされていくべきものなのであろうか。

正当化とリベラリズム

正当化論が重要な関わりをもってくるのは、個々の価値観の善さの観念に訴えたり、価値観の併存（いわば棲み分け）を保障したりしていくだけでは対立がもはや解消していかないような局面においてである。それぞれの価値観が、「すべての人は……を目的として教育されなければならない」というように、全称化定式でたがいに目的の公共性を主張し合うような局面がそれである。このような局面においては、もはや特定の価値観に立ってどの目的がより善いかを判断していくことはできない。多様な価値観をふくんだ社会の《枠組み》を仮設して、そのなかでそれぞれの目的の正当性を公共的に判断していくことが必要になってくる。要するに、敵対する異教徒や絶対少数者の価値観をも同じ《枠組み》のなかに正しく位置づけていくことである。それゆえ、敵対者をふくめて自他ともにみとめざるを得ない合理的な《枠組み》をどのように築いていくかが、正当化論にとって決定的に重要な課題となるのである。

こうした正当化論の考え方の根底にあるのは、「善さ」の判断と「正しさ」の判断を峻別して「『善さ』に対する『正しさ』の優位」を主張していくリベラリズムの立場に外ならない。「何が善いか」の価値判断は、いつでも「（特定の）誰かにとっての善さ」にもとづいてなされるから、相対主義を免れることはできない。しかしリベラリズムは、こうした相対主義を「正しさ」に関する真偽判断の審級で一気に決着を付けようとしていく。つまりどちらが善いかではなく、どちらが正しいかで主観的判断を超えた客観的な判断を下そうとするのである。その一方でリベラリズムは、功利主義が想定する「正しさ」の基準とも対決していく。功利主義は、さまざまな種類の「善さ」をそれがもたらす利益に還元し、その利益の社会的総量の最大値に「正しさ」の基準を定めていくが、リベラリズムは反対に一つひとつの「善さ」の独自性を前提にして、おのおのの存在理由を社会全体のなかでのその「正しさ」(ライト)に応じて「権利」(ライト)づけていくのである。社会的弱者の権利も、彼らの「善さ」がもたらす利益によってではなく、全体のなかでの彼らの存在の「正しさ」のゆえに擁護されていくのである。

このように、「『善さ』に対する『正しさ』の優位」を求めて社会の枠組みを築いていくためには、誰もがみとめていかざるを得ない社会構成原理にまえもって構成員の合意を得ておかなければならない。そこで絶対者の権力を排した近代国家では、そのオリジナル・ポジションにおいて、私的利益の相克を調停していく《社会契約》を全員参加のもとで結んでいくことが必要とされた。いうまでもなく《社会契約》は歴史的なフィクションにすぎないが、実際には現実的な契機として、近代・現代の国家では——たとえば一九八〇年代のアメリカにおけるリベラル・エデュケイションの復興が端的に示していうように——人種分断などの政治的危機に抗して民主主義国家の枠組みを維持していくために、文化的側面から国民的アイデンティティーの確立を目指して「すべての人のための教育」を強制していかなければならなかった（松浦［1989］）。多様性のなかでの統合と、統合のなかでの多様性を維持していく現代社会の枠組みを維持するためには、オリジナル・ポジションにおける近代原理の確立のみならず、リベラル・エデュケーションによる恒常的なエンパワーメントが原動力として必要とされるのである。

目的の再規定

リベラル・エデュケーションの難点は、国家目的などアドホックな目的から自由な目的を、一般的・普遍的に設定していかなければならないところにあるが、その際源泉とされる文化や言語に関しても、政治的な配慮から完全には自由であることができない。同じことは、教育に固有な価値を教育概念から析出し、それにしたがって教育目的を設定していこうという分析的教育哲学者のこころみでもいえることである。(3) 政治は教育の内的事項に――前述の「教育課程の目標管理」などの名目で――すでに踏み込んできている。しかもそれは政治的介入と受け取られることもなく、手続き論を飛び越えて既決事項のなかに組み入れられている。この事態を踏まえて、教育＝固有領域論が抵抗の原理としてどれだけ有効であったかどうかが今問われなければならないであろう。一方、教育の対象となる人びとの側でも、教育の目的論をめぐり一元的な合意を得るのが困難になってきており、教育を受ける機会についても《平等》原理から《選択》原理への方向転換が起きている。教育＝固有領域論は、こうした社会の多元化傾向の現実を覆い隠すイデオロギーとして機能してしまうおそれさえでてきいるのである。

そこで、人びとが私的次元で抱く教育への思いや願いを一度ぶちまけて、その多様性を明かるみにだすことにより、論議を手続き的に振りだしに戻していく必要があるであろう。つまり、包括的な定式により既決事項に括られてきた教育目的を、未決事項に入れ直すということである。あらためて問われるのは、教育目的をめぐる価値観の対立をどのようにして調整し、誰もが従う共通の統一的教育目的をどのように立てていくのかということ、とりわけて合理的な正当化論をどのように整備していくかということである。そうした正当化論の不備がわたしたちの意識に「教育目的の喪失」として映ってきたのである。この意味で、現代において教育目的論の可能性は正当化論の整備如何に懸かっている。

以上により、教育目的をめぐる「過剰」と「喪失」の裏腹な現象が、かならずしも矛盾したものでないことが明らかになったのではないであろうか。過剰なのは「個別の教育目的意識」であり、喪失しているのは「共通の統一的教育目的」である。その間隙をぬって政治的に正統化(authorize)された「天下る教育目標」が割り込んできているのが現状であるが、それに対抗していくには、わたしたち自身「個別の教育目的意識」から「共通の統一的教育目的」への架橋を自前で果たしていかなければならない。そのために必要とされる正当化論を、以下で考えていくことにしよう。

[3]　教育目的論の射程

「目的」を問うこと

そもそも、「教育の目的を問う」ということは何を問題にしていくことなのであろうか。たとえば森昭氏は「目的」と「目標」とを遣い分けて、「教育の目的を問う」ことの意義を次のように説いている。

目標という概念は、「主体が未来に到達ないし達成しようとする目当て」を意味しているのに対して、目的という概念は「あることを達成ないし実現しようとする主体の意図」を意味している。いい換えれば、「『目標』を問うということは、『何をめざしてか』を問うことである」が、「『目的』を問うということは、『何のためにか』を問うことである」。要するに、目的と目標とのあいだには「目標を立ててこれを追求する主体の目的は何か」という関係が、あるいは逆からいうと、「ある目的を実現するために主体が順次に達成すべき目標は何か」という関係が成り立っているのである、と（森［1973：103f.］）。

このように森氏は目的と目標のあいだに概念の異同を見立てて、「教育の目的を問う」ことを達成目標の設定から区別した。そしてそれを、「何のために教育するのか」といういっそう根底的な追究として位置づけた。

しかし一方で森氏は、この「何のためにか」という問いは「主体の意図」を明らかにすることで回答可能であるとみなし、その意図を単純なものから価値の高いものにまで序列づけようともした。つまり「主体の意図」はカリキュラム構成の尺度に準拠して描きだされるべきものであるとみなしたのである。そうすることにより、「何のためにか」という問いのアモルフィズムはたしかに除かれるであろうが、反面、問いそのもののラディカリズムは薄められていく。実際に森氏は、おなじみの「教育目的・目標の層序」——すなわち、教育基本法（第一条）に「教育目的」の究極の根拠を求め、学校教育法（第一七、三五条など）および文部省発行の学習指導要領に各学校段階の「教育目標」を仰ぐという目的—目標のハイアラーキー——によって「教師の教育活動の目的・目標」が全面的に決定されているわけではなく、教師による自己決定の余地も充分にあるとしているものの、教師が「目的を問う」ことの意義を、主として具体的諸目標から一般的諸目標への序列化における方向づけ機能に集約しているのである。

アポリアとしての目的論

それに対し原聡介氏のばあい、「何のために教育するのか」という問いは「何を、どのように教えていくか」というテクニカルな論議には収斂していかない。それはいっそうプリミティヴな問い、つまり「なぜ教育が必要なのか」という問いを喚び起こしていく（原［1992］）。「何のために」（「なぜ必要か」）の問いを主題から切り離して、もっぱら「何を」「どのように」のテクニカルな論点を展開してきたのが近代教育学である、と原氏はみるのである。

しかし原氏のばあい、「何のために」(「なぜ必要か」)という問いの切り離しの問題点——原氏はそれを「教育可能性の自己目的化」「可能性開発の歯止めのなさ」がもたらす子どもの能力の《乱開発》としてとらえている——は指摘されているが、その対抗策は示唆されていない。原氏は、近代教育学に代案を対置することよりも、近代教育学の問題性の自己展開を追跡していくことに関心を示している。そこに近代教育学「批判」という原氏の思想史的スタンスがあるように思われる。

原氏の「批判」戦略は、近代教育学およびその延長としての現代教育学を向こうに回して、「何のために教育するのか」「教育はなぜ必要か」の問いを執拗に突きつけ、それにより教育の専門家をアポリアに引き込むことにある。たとえ教育技術に関して豊かな知識と経験をもち合わせていても、それらはアポリアの迂回に役立つだけである。いったんアポリアにはまり込めば、そこから脱出するには教育の必要性ないし存在理由、つまり目的論が示せなければならないのである。しかもその目的論は、個人の私的利益にもとづく実利的な目的では効力がない。なぜなら、そうした私的利益で教育目的を立てていくと、他の人が敵対する私的利益にもとづいて別の目的を立てるのもみとめざるを得なくなり、結局足の引っ張り合いとなってますます深くアポリアにはまり込むだけだからである。とはいえ、人びとは《一般意志》にもとづく共通の統一的な目的を立てようとしても、いまだに正当な手続きを所有してはいない。そこで、取り敢えず「教育をすることは善いことだ」「子どもの可能性を開発することは善いことだ」という教育信仰・可能性信仰を《全体意思》とするだけに止まっている。かくして近代教育学はそのオリジナル・ポジションにおいて目的論なき教育学、技術学としての教育学として出発する外なかったのである。

技術学としての近代教育学にとって、教育目的論は原理的にアポリアである。このことを原氏とともにみとめるとしても、さらに問題にしていかなければならないことがある。それは、「原理的にはアポリアのはずの教育目的が、実際にはわたしたちの頭上から天下ってくる。それは一体何によって正当化されているのか。その正当化論は合理的か」という問題である。あるいはいっそう端的に問題を立てなおせば、「国家意思による正当化――正しくは「正統化」――に対するオルターナティヴとしての合理的正当化論を探究するのはもはや不可能であろうか」といい換えることができる。この点の追究を怠れば、原氏の「批判」戦略も目的論なき技術開発に対する《水かけ》効果をねらうだけで、天下る目標管理に対する対抗性能を欠くことになるであろう[4]。目的論の「不在」もさることながら、こんにち問いたださなければならないのはそれの「所在」である。「所在」、つまり正当化の根拠が不分明のまま既成性だけにもとづいて矢継ぎ早に教育目的が天下ってくる。この状況にどう対抗できるかが問題なのであって、教育目的はもはや所在不明のままでは済まされない問題なのである。

目的の内側・外側

教育目的の正当化原理はしばしば教育のいとなみの内側に求められてきた。教育を何かの目的を実現するための手段とみなす考え方を批判して、教育の概念それ自体に教育の目的がふくまれているとする「内在的目的論」がそれである（宮寺［2000b：174ff.］）。この議論がどんなに魅力的であっても、教育が社会的・政治的コンテクストでなされるいとなみである以上、「内在的目的」が外側から持ち込まれる恣意性は排除できない。それゆえ教育目的の正当化原理はいっそう広い視野のもとで探索されていかなければならない。教育目的の正当化原理を広く求めていき、教育の内側と外側の両面作戦を一貫して展開した論者として、次に勝田守一氏のばあいを取り上げていこう。

かつて勝田氏はこういった。「実際、あらゆる教育活動、すなわち教育課程の組織や教育方法の選択やあるいは学校管理や教育行政案は、すべて教育の目的によって規定されてはじめて意味を持って来る」と（勝田［1950（1970）：156］）。指摘される通り、教育目的はあらゆる教育活動の意味の基準点であるとするならば、問題はこの基準点自体に意味を与える座標がどのように設けられるのかである。これに応えて勝田氏は、「教育の目的を、個人としての人間の内面的本性の追求や自己観察という仕方で見出そうとする思弁はおそらく不毛な結果に終わることは明らかなように思われる」（勝田［1950（1970）：157］）という。もう一方ではまた、社会調査法などの科学的方法で教育目的を客観的に析出すること、つまり社会のあり方を固定させて、それの維持継承を目的とすること――エミール・デュルケム説のように――についても、それは教育を「社会的事物」（ショーズ・ソシャル）と同一視することになるといって批判している。勝田氏にとって社会は、今後ともさらに改造を加えられていかなければならない構造物なのである。そこで勝田氏はこういうことになる。

「こうして、教育は社会改造との関係を、個人の成長を目ざすという観点から、新たに設定しなければならなくなって来た。教育の目的の設定にとって、哲学は社会的な理想の探求という意味できわめて重要な役割を持つであろう。社会改造は、社会的理想なしには考えられないからである」と（勝田［1950（1970）：155］）。

「社会改造」の視点と「個人の成長」の視点を重ね合わせる勝田説が、こんにち「発達を軸にした教育学」にそっくり取り込まれていることは周知の通りであるが、どちらの場合も「社会改造」と「個人の成長（発達）」はたがいに相手を意味の基準点として先取しており、あたかもグルグル回りしていて肝腎の座標軸の設定は「哲学」にゆだねられている。

哲学と正当化

勝田氏が哲学に託した「社会的な理想」がどのようなものかは推測の域をでないが、たとえそれがどんなに「民主的」な目的であったとしても、そこから演繹される教育目的は他の哲学から演繹される教育目的に対して、排他的にプライオリティーを主張できるわけではない。少なくとも、それ自体で正当性を主張するわけにはいかない。繰り返していえば、教育目的の設定とそれの正当化とは論議のオーダーを異にしており、哲学が携わるべきなのは《特定の目的》を語りだすことよりも、むしろ《目的の正当化論》を整備することにこそある。かつての民主集中制による目的の先取りに今なおお頼り切れるならともかく、集中化より多様化が時代の流れであると率直にみとめるならば、勝田説に対しても、「社会改造」と「個人の成長」のはざまで教育目的に意味を与える座標をどのように築いていくつもりなのかと、問いただしていかなければならない。

そこで次節以下では、教育目的の正当化論の「祖型」の展開を近代教育学史のなかでたどり、現代における正当化論の「範型」の構成に結び付けていくことにしていきたい。

[4] 近代教育学における教育目的論の祖型

目的としての「道徳性」

近代教育学の祖として知られるドイツのヨハン・F・ヘルバルトは、「教育学」のことを「教育の目的から演繹された一般的教育学」ともいい換えている。そのさい「教育の目的」でヘルバルトが意味していたのは、教育対象つまり子どもの将来の多様な生き方に懸ける親の思いや子ども自身が抱く目的――ヘルバルトは「単に可能なさまざまな目的」と表現している――ではなく、多様な可能的目的に統一性を与えるとされる「必然の目的」であった。子どもや親が抱く「可能な目的」は多様であり得るが、それらは「必然の目的」に従わなければならないのである。教育学はこの「必然の目的」から演繹される学問であると構想されたのである。ヘルバルトの時代の学問観からすれば、「多様な事柄が厳密な必然性をともなってそこから結果として生ずる」原理を保有しない限り、教育学もまた学問とはみなされなかったのである（Herbart［1803(1952)：Einleitung］）。この学問としての教育学の統一的目的原理として据えられたのが「道徳性」（モラリテート）に外ならない。「道徳性」は、このように誰彼の教育の目的というよりも、すべての人の教育目的として一般的・普遍的に立てられたものである。この一般性、普遍性という性格において「道徳性」は、ヘルバルトに先立つ啓蒙主義の汎愛派（フィラントロピスト）の教育学者、たとえばエルンスト・C・トラップが教育の目的原理に据えた「幸福」（グリュックゼーリッヒカイト）と同列に並ぶようにみえる。しかしこれら二つの教育目的はそれぞれの正当化論がまったく対照的である（宮寺［1981］）。

目的としての「幸福」

「幸福」はアリストテレスの『ニコマコス倫理学』以来、「『善く』生きる」ことを追求する人間の目的意識的な活動において頂点に位置する「究極目的」を表わしている。つまり「幸福」はもはやそれ以上「何のために」と問うことが意味を成さない目的であり、この経験的自明性のゆえに正当化されてきた。それに対して「道徳性」は目的のハイアラーキーの《頂点》というよりも、人びとの「可能な目的」がその上に成り立つ《前提》を表わしている。いい換えれば、「道徳性」は価値としての高みのゆえに目的として掲げられたのではなく、前提としての一般的共通性のゆえに目的に据えられたのである。したがって反「幸福」主義の教育――たとえば禁欲主義の教育――はあり得ても、反「道徳」主義の教育はあり得ない。そういう教育は――定義により――もはや「教育」の名に価しないからである。教育が道徳性を目的とするということは教育認識の形相にも相当し、この意味で道徳性は教育の「必然の目的」であったのである。

それに対して、幸福は教育といういとなみだけに固有な目的ではないところに特徴がある。たとえばそれは医術の目的であったり、政治の目的であったり、非常時には戦争の目的であったりもする。この社会的広がりのなかに医術、政治、国防などを位置づけて、その一つひとつのあり方を全体の相互関連のなかで定めていく。その際の共通の旗印が「幸福」なのである。したがって、幸福の中身には一義的に規定された内容がはじめから措定されているわけではない。それは社会的コンテクストのなかで動いていき、つねに他の分野のいとなみによって修正を迫られていく。教育の目的を幸福に求めるということは、それゆえ教育を社会のさまざまないとなみのなかにはめ込み、それらとのあいだの連携や依存、干渉や反発を通してあるべき姿を浮き彫りにしていくということなのである。

そうした意味では、幸福は教育にとって内在的な目的というよりも、むしろ外在的な目的である。汎愛派の幸福主義の教育目的論が目的の外在性、世俗性のゆえに徹底した批判を浴びたのは近代教育思想史でよく知られた事実であるが、しかし汎愛派が葬り去られ、ヘルバルトに取ってかわられることによって、教育学は教育が社会の他のいとなみと同一の地平で目的を追求し合う《環》を失ってしまった。教育学は自前で教育という行為に固有な目的を捻りださなければならなくなったのであるが、その結果設定されたのが「道徳性」である。

二つの《祖型》

以上のような、学問としての教育学の成立過程にみられる教育目的論の推移――「幸福」から「道徳性」へ――は、教育目的の正当化に関するはっきり区別される二つの祖型を示している。第一は、教育の目的を教育と社会システムとを結ぶ《環》のなかに求め、目的の不易の定式よりも、目的の可変的な操作機能の方に意義をみとめていくもので、以下では「システム論的教育目的論」と呼んでいくことにしよう。それに対し第二は、教育目的を教育行為に内在する教育認識の形相として位置づけ、目的によって教育の本質を同定していくもので、「行為論的教育目的論」と呼んでいくことにしたい。これら二つの祖型は教育の目的を正当化していく基礎理論としてまったく異なる発想に立っている。これらの対立する祖型は、教育目的の正当化論をめぐる現代の諸論議を解析していく上でも有効であるように思われる。現代における正当化論の《範型》を構成していく前に、その《祖型》の展開を教育学史のなかでさらに追跡していくことにしたい。

ディルタイの目的論

たとえばヴィルヘルム・ディルタイの教育学構想はどちらの祖型に属するものであろうか。精神＝歴史科学の樹立者のディルタイによると、幸福にしろ道徳性にしろ特定の完成点を目的原理に立てて教育学を基礎づけるのは、それ自体「一八世紀の指導的な道徳思想からその目標を受け取った」だけの発想にすぎない（Dilthey［1888（1967）：13］）。それゆえディルタイのばあい、目的論による普遍妥当的教育学の基礎づけは――目的論がつねに時代の「道徳思想」の反映である以上――意味を成さない。それでも教育学を普遍的に妥当する学問として打ち立てようとするならば、歴史を超えでた地平に目的原理を求めていくより外はない。よく知られているように、ディルタイはそれを人間の精神生活の合目的的な連関、つまり《生きること》に適合した各器官、各機能の「生物学的」な合目的性の連関に求めている。

しかし、たとえ人間の精神生活が合目的的連関をもつとしても、「現にある」合目的性の了解だけからは「まさにあるべき」目的を導きだすことはできないはずである。あるべき目的の設定をふくまず、たんに合目的性にもとづくだけでは、心理学はともかくとして教育学は成立しない。そこでディルタイは次のようにいうことになる。「教育の形態がどんなにさまざまであろうと、一人ひとりの子どもの発達は、精神生活の目的論的連関において作用しあっている過程とその結合の完成を、つくりだしていかなければならない。この連関の部分部分には、性質と働きのそのような完全性が存在している。それが人間のあらゆる有能性の根本的な制約である」と（Dilthey［1888（1967）：23］）。

合目的性と完成可能性

ディルタイもまた精神生活の合目的的連関が決して自己完結したものとはみておらず、完成への余地を残しており、「完全性」（フォルコンメンハイト）に向かって形成されるべきものであるとみとめていた。たしかにディルタイはこの「完全性」の中身を概念を駆使して開示する――ヘルバルトが「道徳性」についてしたように――ことはしていない。ただ、「完全性」への向上がたんなる外的原因によって引き起こされるのではなく、人間の精神生活それ自体のなかに起動力として備わっていると指摘するのみである。ディルタイは、「外的自然においては、原因が結果に等しいという一般的な法則が支配している。そしてそれに条件づけられて、力の保存の法則が支配している。それに対して人間自然(本性)においては、向上という根本法則が支配している」といっている(Dilthey [1888 (1967): 30])。

このように「外的自然」と「人間自然」とに異なる法則を割り振ってしまうと、教育目的は両者を結ぶ《環》としての位置づけを失い、人間自然の合目的性のなかに内在化させられてしまう。その結果目的それ自体はもはや操作の対象とはならなくなるのである。反対に目的は、それにもとづいて操作がなされていく《原理》として据えられることになる。このばあい目的がヘルバルトのように教育認識を可能にする超越論的《原理》として立てられるか、ディルタイのように教育がそれに依拠する合目的性の解釈学的《原理》として立てられるかのちがいは、決定的なちがいとはならない。どちらも目的が教育の外的システムと連結するのを拒否し、教育目的を教育の営為の一構成部分として確定しようとした点で、ともに「行為論的教育目的論」に属している。

デューイの目的観

ジョン・デューイもまた教育の目的は「社会的諸条件」によって一方的に決せられてよいものではないとして、「教育は自律的過程である」と主張している。しかしこの主張は、二〇世紀はじめの科学主義——いい換えれば実証主義——の傾向に対するアンチ・テーゼを意図する限りでのネガティブな主張にすぎない（森田［1990］）。デューイがポジティブに主題としたのは、むしろ教育を実践していく上で目的がどのような《機能》をはたすかということ、つまり「目的の価値」である。これは《原理》としての「価値ある目的」の解体を意味し、同時に目的論からの価値観の抜き取りを意味している。教育目的はもはや特定の価値観によって正当化される必要はないのである。

こうした発想は、外在的な目的の外挿を排除して、教育に独自な目的論を切り拓くものとして評価を受けることもある。しかし、教育に独自な目的論といっても、デューイは教育目的に特定の価値観を滑り込ませたり、その価値によって「教育」を同定したりすることには慎重であった。デューイはむしろ、目的の操作機能、すなわち失われた《環》としての機能の再発見者として評価されるべきである。同じようなことは、デューイと同時代人で新カント派のパウル・ナトルプの『社会的教育学』（*Sozialpädagogik*, 1899）の構想についても指摘できる。ナトルプが「教育の社会的条件と社会生活の教育的条件」を明らかにすることを「二つの分けられた課題ではなく、一つの課題である」とみなし、その《環》として意志陶冶という目的を位置づけたときも、意志はそれ自体の価値よりも、さまざまな価値を媒介し発動させる形式的能力としての側面に注目されたのであった

（Natorp［1899］）。これらはいずれも「システム論的教育目的論」の発想につらなっている。

目的の多様性

よく引かれる言葉であるが、「教育そのものにはどのような目的（エイム）もない。目的をもつのはただ人であり、親であり、また教師などであって、教育のような抽象観念がそれを所有するわけではない」といったのはデューイその人である。デューイはつづけてこういっている。「そしてその結果として、そのような人たちの目的（パーパス）は無限に多種多様であり、子どもがちがうごとに異なり、子どもが成長すると変わり、教える者の側の経験が増えると変わっていく」と（Dewey［1916：125］）。人、親、教師が抱く教育のエイムやパーパスはそれぞれの思いや願いを反映して実際「無限に多種多様」である。ジョン・S・ミル流にいえば、それらはたがいに他者の目的志向に実害を及ぼさない限り、多様であることが社会全体としても望ましい。しかし実際には、既成事実の形で教育目標が天下ると、人びとは各自の目的を立てることよりも、天下った目標の達成をめぐって競いだす。それは一九五〇・六〇年代の「教育爆発の時代」とともに顕著になった現象で、それ以降教育の機会は否応なしに人びとの利益のあいだで引き裂かれていく。しかしその反動として、教育に固有な価値、教育の内在的な目的が希求されるようになるのも同じこの時期である。その渇望を癒してくれたのが、リチャード・S・ピーターズの名とともに知られる分析的教育哲学であった。

内在的目的論

ピーターズをはじめ分析的教育哲学の担い手たちは、教育のいとなみや現実に対して特定の価値観に立った発言をしていくことを避け、もっぱら教育の概念のなかから非経験的分析判断――「教育とは価値へのイニシエイションである」「インドクトリネイションは教育ではない」といった類いの――を引きだすことに専念した。要するに教育そのものよりも、カッコづきの「教育」の概念分析に徹するのが分析的教育哲学である。そうしたメタ分析に下降することにより、立場や利害を超えて、どのような立場に拠る者ももとづかなければならない「教育」の共通理解を導入しようとしたのである。

デューイとは対照的に、ピーターズは「教育はそれ自身を超えるいかなる目的（エンド）ももつことはできない。教育の価値は、教育に内在する原理と規準から引きだされる」という（Peters [1963 (1980) : 298]）。ここでいわれる「目的」は、人びとがそれぞれに抱く思いや願いの類いとは異なり、まさに教育それ自身が有する目的である。具体的にいうと、「教育は価値ある内容を、道徳的にゆるされる方法で、学習者の認識を拡げながら伝えていくいとなみである」というニュートラルな規準――いい換えれば「教育のゲーム」が成り立つためのルール――が教育自身の目的に相当している。誰がどのような価値観をもって教育に携わろうと、そのいとなみがルールとしての目的に合致していなければもはや「教育」の名に価しない。それゆえ、人びととの目的意識の方を教育自体の目的にもとづかせていくことが求められるのである。そのように要求していくならば、政治や経済の方面からさまざまな教育要求がだされてきても、それらを「教育目的」の名で拒否していくこともできるのである。つまり教育目的は一種の歯止めの原理であり、教育はそれを自身のうちに蔵しているとピーターズはみなしたのである。

目的の物神化

こうしたフェティシスティックとさえ呼べそうな目的を、教育の胎内に祀ろうとしたのは外でもない。複雑に干渉し合う社会の諸機能のなかで教育に固有な領分を確保し、教育の自律性と公共性を確立していこうとしたからである。それにしても、現実の利害の絡んだ教育要求を、カッコづきの「教育」の概念で捌き切れるかどうかは何とも心もとない。それは措くとしても、ここでの教育目的の中立性には疑問をもたざるを得ないであろう。というのは、「教育それ自体の目的」といえども、それを実際に取りだし定式を与えるのは——デューイ流にいえば——だれか特定の人（パーソン）以外の何者でもないからである。教育目的は、たんにその人が用いるレトリック——「内在的目的」「教育それ自体の目的」などの言辞による——だけで正当化されるわけではない。現にピーターズが取りだす「教育の内在目的」は、上で引いてみたように伝統的な合理主義の価値観そのものを引き継いだものである。(5) このながく普遍視されてきた価値観でさえ相対化してしまう価値多元的社会が現実になりつつある現代において、正当化論はもはや単なるレトリックの問題としてではなく、社会システムのなかでの教育の位置、それを対象化する教育理論のあり方とかかわって新たな問題として浮上してきている。ポスト分析的教育哲学が行為論的教育目的論から再びシステム論的教育目的論への方向づけを取ろうとしているのも、その端的な現われである。

[5] 教育目的の正当化論の範型

合理的正当化論

「目的は手段を正当化する」(N・マキャベリ)といわれるように、目的論はそれ自体正当化論としてはたらく。個人的なものであれ、社会的なものであれ、一見不可解な営為であっても目的が示されれば、たちどころに正当化されることがある。目的論による正当化は、目的合理性が支配する領域、たとえば技術学のような領域では合理的な正当化論の範型といえよう。近代教育学も、目的論を棚上げにする限り、目的合理的な技術の開発に専念していけばよかった。しかし教育学の真の難しさは、「《手段》を正当化する《目的》をさらに正当化していく責任から教育学は免れない」と自己規定するところからはじまる。目的の正当化が私的な教育領域に関するものであるならば、個人の価値観や価値感情、さらにいえば決断や跳躍などにゆだねておけばよいが、すべての人を対象とする公共的な教育領域に関するものである限り、そのように非合理主義の側に明け渡すことでは正当化はなされない。

それでは正当化論の合理性はどうやれば確保できるのであろうか。教育目的論にとって合理的正当化論の範型はどのようなものなのか。本節では前節の「祖型」を承けて、それらをさらに次の二つの「範型」として再構成していくことにしたい。すなわち、(1)目的志向的行為や営為そのもののなかに——いやもっと厳密にいえば、それらの目的を論じ合うときの「論議の形式」のなかに——合理性をみいだそうとするのと、(2)その行為や営為が組み込まれている「システム」のなかに合理性をみいだそうとするのとの二つである。順次ユルゲン・ハバーマス、ニクラス・ルーマンの所論を手がかりに検討してくことにしたい。

教育論議の形式

ハバーマスによれば、教育など文化的再生産にかかわるさまざまな営為は、政治や経済など社会の基底で展開するものとはちがって、つねに正当性の承認請求をともなって存在している（ハバーマス［1979：9］）。仮にこの点を捨象して、教育が社会全体のなかではたす役割を政治・経済などと同一平面で、「労働力の再生産」などとファンクショナルに規定してしまえば、教育独自の正当化請求はイデオロギー的粉飾以上の意義をもたなくなる。

たしかに、自生的・自律的に展開していく経済の場合、自己貫徹の機構は暴力的で正当化請求を超えている。それに対して教育の場合、正当化請求がみとめられ、合意のポリシーが立てられてはじめて物質化していく。つまり教育は「この教育がなされるのは正当である（意味がある・必要である)」という正当化請求を振り撒きながら現実化しているのであり、こうした自己言及的な正当化請求を内にふくんでいる。教育にも暴力的な面があるとすれば、この拒否できない正当化請求でこそ教育は暴力的に作用する。教育は正当化論としての教育理論と表裏一体の関係にあるのであり、この意味でつねにイデオロギー性をおびている。

要するに、教育はその営為のなかに顕在的にしろ潜在的にしろ正当化請求をふくんでいる。しかし「正当化請求をふくんでいる」というだけでは、現に営まれている教育がすべて「合理的」として正当化されるわけではない。正当化請求の形式が問題なのである。正当化請求の言語形式のなかには、その請求自体が則らなければならない「論議の形式」があるはずで、教育のいとなみならばそれに固有の「論議の形式」があり、それにもとづいている限りで「合理的な正当化」とみとめられる。ハバーマスが提唱するディスクルス（討議）倫理学はこの点をこそ強調する。それは規範の産出には直接にかかわるものではないが、実践的課題を論議する「手続き」の明確化を通して、規範の公共的な「枠組み」の構築をはたそうという企てである。つまりそれは、「行為者たちが妥当請求に志向して遂行するコミュニケーション的行為の形式語用論的研究」なのである（ハバーマス[1991：76]）。

フォーラムの持続

このように、(1)「教育目的」、(2)「その正当化請求」、(3)「その請求が則るべき論議の形式」とたどってくると、わたしたちはすでにセカンド・オーダーを通り越してサード・オーダーにまで下降してしまっていることに気づく。一体、教育目的の正当化請求が合致すべき「形式語用論」として、どのようなことが想定されているのであろうか。

推測の域をでないが、おそらくそれは再びファースト・オーダーの教育目的に、つまり特定の価値観と結び付いた教育目的、あるいはきわめて直観的なルール――「子どものインタレストに従って教えよ」などの――に還る外ないのではないか。事実ハバーマスによると、ピーターズは「教師は何をなすべきか」といった実践的問いが、この問い自体の前提にある「論議の形式」に遡ることによりはじめて個人の恣意や伝統を超えた普遍的次元で答がだせると見ている点では正しいが、実際には、その「論議の形式」としてかれ自身の価値観を滑り込ませてしまっている点を批判している（ハバーマス［1991：135］）。リベラリズムの教育目的を正当化するのに、リベラリズムを「論議の形式」として採用してしまっているからである。ハバーマスによれば、こうした論点窃取の誤謬をいかに回避するかがディスクルス倫理学の成否を握る鍵であるというが、それはさらにフォーア・オーダーへの下降を敢行しないかぎり、相当難儀な課題となるであろう。教育のいとなみの内側に目的の正当化論を求めようとすると、こうした循環論や無限遡行への隘路が断ち難く待ち受けている。それを回避するには、「論議の形式」を特定の定式に固定しないで、論議しつづけていく場を確保していくことこそが必要で、正当化論の合理性はそうしたフォーラムの持続性のなかでこそ保証されていく、という外ないのである。

システム合理性

一方ルーマンによれば、目的を行為に内在させ、その上で目的にかなった追求を「合理的」とみなしていく伝統的行為論は、行為が実際になされる環境条件の側から目的を見据えない点でもはや支持し難い（ルーマン［1990：115］）。現代社会は複雑に変化しており、そのなかで行為主体が自己同一性と自律性を維持しようとすれば、伝統的行為論では限界があるからである。そこでルーマンは環境—主体の相互規定的な連関を「システム」とみなすシステム論をもちだし、そこから合理性をみていこうとする。それが「システム合理性」である。

システム論に立てば、問題になるのはもはや「教育本来の目的は何か」ではなくなる。かわって「教育において目的の機能は何か」が中心問題になり、その目的の機能は、ルーマン——断るまでもなく《初期》ルーマン——によれば何よりも「（環境条件の）複雑性の縮減」である。激しく変化する環境の不確定な要素をできるだけ縮減し、教育行為のブレを少なくするのが目的の機能である。まず目的を立ててみる。そのことによりどの環境条件が目的の達成に障害となり、どれが規定的な要因となるかを見通していく。つまり目的を立てることにより、環境条件が取捨選択され、操作され、教育—環境のシステムが構成されていくのである。目的の機能はいわばその触媒にあたっている。この触媒が有効にはたらいて、教育と環境がシステムとして結び付いていくようになれば、システムは合理的なものとなり、やがて自律化していく。《後期》ルーマンは「自己言及的システム」を構想して、「合理的システムとは、システムと環境の差異をシステムのうちに再導入するシステムである」というが（ルーマン［1990：v］）、教育もまたこうした「自律的システム」になることを目指している。

たとえ触媒としてであれ、目的が行為の構成要因の一つであることは変わりがない。ただこれに格別重要な位置を与えて行為の本質と同一視してきたのが、ルーマンによれば伝統的行為論である。すなわち、目的はそれを目指してなされる行為に意味を与え、それの評価基準となるばかりでなく、行為を時間とともに消え去る過程から不変的な実体へと固定化させる役割をもはたしてきた。行為がその目的で名指され、目的で同定されるようになると、目的は当該行為の達成地点の位置から行為そのものへと内在化していく。この意味で行為論からすれば、目的は行為の本質そのものなのである。システム論はこうした行為論的目的論に対抗して、目的を社会システム全体のなかにもう一度投げだし、そのなかで目的の合理性を判定しようとするこころみであった。

以上、「行為論」と「システム論」とは、たがいに相手を自分の枠組みのなかに包み込もうとするが、結局包み切れずにいるのが現状のようである。しかしどちらも、目的を「非合理な願望」とみなしたり、「天下る目標」を無批判に受け入れたりして、結局合理的な論議の埒外に「所在」を見失うようなことは避けている。あくまでも合理的な論議にもとづく目的の正当化論を提示しようとしている点では、二つの範型の問題意識は共通している。

[6] 正当化論とリベラリズム

何が問題であったのか

ここまでの本章の粗すじを振り返っておこう。

個別の教育目的意識の「過剰」のなかで、共通の統一的教育目的が「喪失」している。教育法制などの既成性に依拠しないで、教育目的をこんにちの価値多元的な社会のなかで定立していくには、教育目的を正当化していく基礎理論が整備されていかなければならない。しかも正当化論の整備は、もはやどれか特定の価値観によってなしとげられることではない。そうするにはあまりに価値観が多様化し、相対化しているからである。そこで、多様な価値観を包摂する全体の「枠組み」、しかもそれ自体は特定の価値観に依存しない「枠組み」を築くことが必要とされる。そのなかではじめて教育目的の合理的な正当化が可能となるのである。

ただ、全体の枠組み、つまり共通の統一的な教育目的の正当化がそのなかでなされる枠組みを、本章ではもっぱらリベラリズムの立場をベースにした手続き論議のなかでみてきた。「論議の形式」に合理性の根拠を求めるにしろ、「システムの自律性」にそれを求めるにしろ、枠組み構築にいたる手続きこそが問題であった。どちらの範型も国家意思などを既決のものとせずに、あくまでも個人の自律性から体制のあり方を積分していこうとするリベラリズムの考えにもとづいていた。しかし、事はそんなに単純に運ばないであろう。というのは、自律的な個人間に教育目的論をめぐり収拾不可能な多様性があるのと同様に、枠組みの構築についても、論議のオーダーは変わるものの構想の多様性がもち越されるであろうからである。

そこで発想を一八〇度転換して、築かれるべき枠組みを所与のものとみていったらどうであろうか。つまり、わたしたちが現に生きている《この》社会は、価値観の多様化や相対化を抱え込みながらも、一つの共同体としてすでに枠組みを成している、したがって《この》社会にはすでに正当化された教育目的がある、とみなしていくである。このようにみていくとすれば、これまで問題にしてきた全体の枠組みなるものは築かれるまでもなく、わたしたちは既にそのなかで生きていることになる。このように共同体の先在を仮定していく見方は、リベラリズムをベースにした手続き議論に対する手ごわい挑戦となるであろう。

共同体主義

現に実践哲学の分野で、近年「ネオアリストテレス主義」とも「共同体主義」(コミュニタリアニズム)とも呼ばれる考え方が有力である。それが槍玉にあげるのはリベラリズムの社会理念、つまり一人ひとりの自律した個人の意思決定と、それにもとづく「善き生き方」の自発的選択を前提にして、自由で平等な社会体制を構築していこうという考え方である。共同体主義からすれば、この発想は本末が転倒している。というのは、「自律した個人」といっても、共同体に先行する孤立した個人を想定し、その個人に、自発的選択能力のほか一切の慣習や属性を負荷させない――つまり「負荷なき個体」（M・サンデル）を描いていく――のは、実際に社会的役割を担っている一人ひとりの人格とはかけ離れた想定であるからである。こうした虚構から出発するのではなく、むしろ人間を根元的に「ポリス的存在」として共同体に帰属させていくならば、何よりも「人倫」こそがまず身に付けさせるべき徳であるということになる。「自律性」はその上で鍛えられていく（かもしれない）二次的な徳にすぎない。このように、共同体主義は「自律性に対する人倫の優位」を踏まえて、人間のあり方をそれぞれの共同体のあり方に即して具体的に決めていこうとする。というよりも、リベラリズムの社会体制自体がすでに近代特有の共同体にほかならず、当然それ固有の「人倫」をもっており、それが個人をして自律性へと駆り立てているだけなのである。

共同体主義に従えば、人間の生の目的、それゆえ教育の目的は、人が現にそのなかで生きているそれぞれの共同体の人倫を抜きにして立てても空虚である。生の目的を「理性」の名のもとで一般的、普遍的に立てようする企ては、一種の形式論であり、形而上学でさえあるということになる。共同体主義の代表的な実践哲学者アラスデア・マッキンタイヤーは、目的定立に対する理性の限界をこう指摘している。「理性は計算を事とするものである。それはたしかに事実や数学的諸関係の真理などは確定できるが、それ以上ではない。実践の領域においては、理性は手段について語り得るのみである。目的については沈黙していなければならない」と（MacIntyre [1981 : 52]）。理性が沈黙していなければならない「目的」は、共同体にとっては所与のものである。もちろん「天下る目標」がそれ自体共同体の目的だというわけではないが、目的はもはや全体の枠組みの構成を通して正当化されるものではなく、端的に共同体のなかで発見されるものとなる。

ハバーマスが試みたのは、こうした共同体主義の側からの理性の限界づけに抗して、目的定立の合理的な正当化論の可能性、いい換えれば、それぞれの共同体への根元的所属性を超えた中立的で客観的な――ある意味で普遍的な――正当化の可能性を擁護することであった。そうしたカント的伝統に属する試みのなかでも、ハバーマスがとりわけ「論議の形式」に最後の拠りどころを求めたのは上述の通りである。ルーマンが目指す「システムの自律性」も、一つひとつのシステムが相互に関連するなかで、何とかその全体の枠組みを既成化=国家化しないでやっていくための試みに外ならない。教育目的の正当化論としては、こんにちこの行為論的教育目的論とシステム論的教育目的論の二つが、「合理的」の名に価する範型としてわたしたちの前にだされている。

リベラリズムの復権へ

しかしそれにしても、何らかの共同体の規範や慣習、つまり要するに人倫を探究の素材として使うことなく、「論議の形式」や「システムの自律性」の範型を実質化していくのは困難であろう。教育目的の正当化を、国家的《正統化》や運動論的《正統化》で間に合わせず、そうした外化を拒否してあくまでも合理的《正当化》を追求しようとするリベラリズムには、反対者の側から「共同体隠し」の非難が待ち受けている。――お前のいう合理的正当化なるものも、お前自身は意識していないようだが、お前が所属する共同体の人倫による《正統化》にすぎない。お前をふくめてわれわれは、所詮多様化と相対化の渦から超絶できないのだ。ただ超絶したようなフリをしたがるだけだ。それでもお前は、「合理性」だの、「全体の枠組み」だのをもちだせば、共通の統一的な教育目的の正当化ができると思うのか。レセフェールでいいとはいわないが、もしとことん「合理性」にこだわるのなら、「どのような教育が望ましいか」についても、目的原理によって統制するより、市場原理をはたらかせていった方がはるかに健全で、その方が「合理的」な決着に到る正道だということもあるはずだ。そうした選択肢をはじめから視野の外に置くのは公平といえるか、……などなど。

こうした手厳しい追及への応答として、リベラリズムの教育哲学の内実をさらに開示していくことにことにしよう。(6)

註

(1) たとえば吉田熊次著『教育目的論』目黒書店、一九三八年、稲富栄次郎著『教育目的論』福村出版、一九五五年は、やや古いがその代表例である。西澤潤一著『教育の目的再考』岩波書店、一九九六年も同様に「教育目的論」に焦点づけられているわけではない。「教育目的論」が「教育本質論」にならざるを得ない理由については、イギリスの分析的教育哲学者のリチャード・S・ピーターズのよく知られた研究がある（Peters [1972 : 127] 宮寺 [1997a : 55f.]）。

(2) これは特集「座談会・教育目的の探求」での堀尾輝久氏の発言である。『教育』一九六九年、二月号、二八頁。

（3）分析的教育哲学者による教育概念の分析と、それに対する規範的教育哲学者による批判を、筆者は前著で詳述した。参照を乞いたい（宮寺［1997a］）。

（4）原聡介氏の近代教育学に対する「批判」戦略に対して、筆者は次の拙論で論評した。参照を乞いたい。宮寺晃夫「近代教育学における『目的論』の位置」近代教育思想史研究会『近代教育フォーラム』創刊号、一九九二年。

（5）合理主義の教育理論の「近代性」については、次の拙論を参照していただきたい。宮寺晃夫「合理主義の教育理論――ピーターズ――」原聡介他編著『近代教育思想を読みなおす』新曜社、一九九九年。

（6）本章のオリジナル論文に対する諸氏のコメント論文が次の研究誌に収録されている。併せて参照されたい。近代教育思想史研究会『近代教育フォーラム』第二号、一九九三年一〇月。

Ⅱ 教養・選択・価値

第四章　教育学教養の社会的拡大

[1]　教育学における教養

問題の所在

教育学における教養、それが今なぜ問題になるのであろうか。

何よりもまず、それは教育学にとって一体何が教養に相当するのかが不明確になってきているからである。これは直接的には教育学教育に関わる問題であろう。しかし広くいえば、「教育学」の名でなされる知的な営為とそれに携わる人たちの同一化に関わる問題であり、さらに拡げていえば、社会的広がりのなかでなされていく教育の固有領域を画定する制限原理に関わる問題でもある。教育学教養の不明確化は、「教育」の名で呼び得る社会的いとなみの不確定化――つまり、どこからどこまでが「教育」なのかが分からなくなってきていること――の結果であり、また原因でもある。

一方、教育学の個別分野は、その入門課程をふくめてそれぞれに領域固有性――いわゆる「たこ壺」性――を深めている。そのため、たとえば教育哲学と教育史のようにこれまで隣接領域とみられてきた分野でさえ、領域に跨がる基礎課程を設ける意義が失われてきており、教育学が全体として何を対象とする学問かの問題意識も稀薄になってきている。そればかりでなく、同一分野のなかでも研究の多様化・孤立化はすすんでいる。しかもそれは、たんに研究の方法論や立場のちがい――そういう相違や対立ならばこれまでもあったことであるし、望ましくないことでもない――を意味するだけではなく、対象に向き合うスタンスそれ自体を問い直す自己言及的な研究をふくんだ多様化をも意味してきている。「教育は人間性を培う形成作用である」といった類いの教育学の言説に《近代の大きな物語》を読み取り、それの批判的超克を目指すポスト・モダニズムの研究スタイルは、この新たな傾向を代弁している。もはや教育という《善きいとなみ》をアプリオリに措定して、教育学の同一化を研究対象の側から図っていくことも共通了解ではなくなってきている。

《ペダゴジー》から《アンドラゴジー》へ

しかしもう一方では、たとえば臨床教育学にみられるように、原理系の研究と臨床系の手法とのリンクが積極的に図られるなど、これまで対極的に位置づけられていた研究が入れ子状に組み合わされたりもしている。

こうした点検を各方面に及ぼしていくならば、教育学の諸分野の研究を、これまでのように原理的部門に属するものから実践的部門に属するものへとリニアーに並べ立てていくのは、大学の講座編成などの便宜のためならいざしらず、教育学研究の現状を反映した見取り図とはもはやいい難い。仮に、伝統的な序列に従って研究分野を一つひとつ中心部から周縁部にまで配置していくとすれば、そこに描きだされる渦巻き状のマンダラ図は事大主義の観を免れまい。実際には、教育学研究の諸分野の研究は中心―周縁の位置関係を失い、全体としてパッチワーク状のダンダラ模様を呈している。要するに、全体の構図については誰も責任が負えないほど教育学研究は分散化し流動化してきているのであり、それが共通基礎課程としての教育学的教養を不明確なものにしてきているのである。

こうした教育学のフラクタル化には現実的な要因が絡んでいる。その一つは、教育学が長年一致してその任にあたってきた教員養成の現場が先細りになってきていることである。教育学の実用性が、教員養成への貢献によって実証できる範囲が狭隘になり、そのため教育学は現場対応をそれ以外の方面にも延ばさざるを得なくなってきている。しかし、「子どもを導く学」という原義をもつ教育学（ペダゴジー）が、「大人を（も）導く学」としての教育学（アンドラゴジー）に守備範囲を拡げていくにしたがい、教育学は確実に求心力を失ってきている。教育学は、これまでのように明確な現場との対応関係だけでは存在理由を主張するのが難しくなり、むしろ逆に、他の学問分野や社会的実践との接触界面の豊かさのなかで新たに版図を画定するように迫られてきているのである。

そのため「教育学における教養」は、自家薬篭中のペダゴジーの諸概念・諸原理の解釈／再解釈によって教員養成の基礎部門を担ってきたこれまでの実績に加えて、今後は教育学を取り囲む諸分野・諸実践との交易を促す方向でも、拡充が図られていく必要がでてきている。本章では、このあとの方の必要性から、とりわけてリベラリズム哲学との接触界面において、教育の固有領域を確保しうる教育学的教養のあり方を述べていくことにしたい。なぜリベラリズム哲学かといえば、教育学はもはや、これまでのように教育の制度や法制や権威などによって措定される教育関係——それの原型は学校教育における教師—生徒関係であろう——を前提にして現場を確保していくわけにはいかず、自由意思の主体の自己形成と、それに対する支援・介入作用の次元にまで溯って現場を再構築せざるを得ないからである。それが、これまで伝統的に「教育学における教養」を供給してきたペダゴジーに、どのような変化を求めていくことになるのかをみていくことにしたい。

[2] リベラリズム哲学における二面性

〈内在論的〉リベラリズム

近代以来の教育理論、特に英米のそれは一貫してリベラリズムの水脈からかずかずの思想を汲み揚げてきた。「知識の自己目的性」「知識・教育の中立性」「教育目的の普遍性・公共性」などの一連の思想は、リベラル・エデュケーションの伝統のもとで《価値》として定式が調えられ、受け継がれてきている。それればかりではなく、これらリベラリズムの価値観は、知識人が教育の現状や理想を論じ合うときの共通理解を支えてきた。現代イギリスの分析主義の教育哲学を代表する教育学者リチャード・S・ピーターズが、「教育はそれ自身を超えるいかなる目的ももつことはできない。教育の価値は教育に内在する原理と規準から引きだされる」と語るとき（Peters［1963：298］）、また同じ傾向を担うポール・H・ハーストが「知識の形式」と人間の能力とのあいだに概念上の照応関係をみるとき（Hirst［1965：116f.］）、リベラリズムの価値観はたんなる思想としてよりも、教育理解の認識論的なカテゴリーにも相当していた。少なくとも、英米の教育理論史の主流をなしてきた合理主義の教育理論においては、「教育」はリベラル・エデュケーションを理念型としてその判別規準が設定されてきている（宮寺［1999a：153］）。

このように、教育学の内部に取り込まれて教育の価値と一体化しているリベラリズム――以下では「〈内在論的〉リベラリズム」と呼ぶことにしよう――が、ペダゴジーとその実践現場の自律性を擁護していくさい今なお繰り返し喚び起こされているのは、ピーターズの議論からもはっきり読み取れる。子どもに「より善い教育」を受けさせることへの関心が一部のエリート層のみならず、一般大衆にまで開放され、教育にさまざまな利害感情がもち込まれるようになると、教育固有のディスコースを確保するのが難しくなってくる。そうした一九五〇年代から六〇年代にかけての「教育爆発の時代」に、ピーターズは教育の概念分析に着手している。その結果析出された「教育の概念」には――「教育は、それ自体で価値のあることの伝達である」という第一の判別規準をみても分かるように――明らかにリベラリズムの価値観と、そこから汲み取られた教育学的教養が刻印されている（Peters [1963] 宮寺 [1997a]）。「教養」（カルチャー）は、無秩序が常態化した社会において、エリート層を識別するために導入された非実用的・非日常的な思考と知識を指すとしたマシュー・アーノルドの洞察（『教養と無秩序』）は（アーノルド [1869] 富山 [1993] 宮寺 [1999c]）、「教育学的教養」についてもあてはまる。この教育学的教養はまた、現実の社会で要望され現にいとなまれているままの教育――たとえば各種労働技能の教育、勤勉などの徳目の教育――を、「教育」の名に価しないものと識別し、教育の公共的ディスコースから排除していくための教養でもあった。〈内在論的〉リベラリズムとその教育学的教養にもとづけば、それらの実利的な教育は、「養成」（トレイニング）、ないしは「注入」（インドクトリネイション）などの名で取り上げられるべき非「教育」的作用とみなされ、ペダゴジーの周縁的・例外的なトピックに追いやられることになる。

〈文脈論的〉リベラリズム

しかし以下で主題として取り上げる「リベラリズム哲学」とは、この種の〈内在論的〉リベラリズムと同一の議論を指してはいない。むしろ――〈内在論的〉リベラリズムのように――教育の固有領域を画定する価値をあらかじめ胎内にふくみ込んだ上で、分析の手法を通して論点先取り的に教育の自律性を演繹していくような議論――「分析主義の教育哲学」（Analytic Philosophy of Education）は、現代におけるその典型である（White［1982：3f.］宮寺［1997a：216f.］宮寺［1999b：10f.］）――とは対照的に、教育を、何よりも社会の広がりのなかに置き、人びとのぶつかり合う利害関係や政治・経済・産業などと交錯する現実場面のなかでそれの固有領域を画定していくような議論が、以下では主題として取り上げられる。このような議論を、ここでは「〈内在論的〉リベラリズム」との対比で「〈文脈論的〉リベラリズム」と呼んでいくことにしたい。こうした社会的地平に開かれた議論のなかで教育の固有領域をあらためて画定していくために、リベラリズム哲学からは一体どのような教育学教養が示唆されてくるであろうか。この点を、まず比較的よく知られたリベラリストの議論を引きながらみていくことにしたい。

引き裂かれた教育理念

経済学者の宇沢弘文氏は、ヴェトナム戦争後のアメリカでは学校教育が経済的な効用の面だけで価値を量られるようになり、そうした効用と結び付かない部分の教育が切り捨てられてきた、と端的に指摘している（宇沢［1998：第3章］）。宇沢氏は、同じような傾向はアメリカだけではなく日本でもみられるとして、それに対抗するため、かつてジョン・デューイによって唱えられたリベラリズムの《教育理念》に立ち戻るように提言している。宇沢氏のいうリベラリズムの《教育理念》とは、公教育がこれまで担ってきた価値、すなわち社会的統合と平等主義と人格的発達という三つの価値にまとめられる。この価値の一覧表をみても分かるように、宇沢氏は、アメリカで進歩派

（プログレシヴ）といわれてきた人びと——デューイもその一人である——が社会的実践のなかから摑み取ってきた教育原理のことを「リベラリズム」と呼んでいる。つまり教育、とりわけて公教育による社会の進歩と安定、そして社会の進歩による人間の可能性の拡大に信頼を置く考え方を、リベラリズムとみなしている。この意味での〈文脈論的〉リベラリズムの価値観が長くアメリカの教育制度の基調をなしてきたが、それがヴェトナム戦争後の社会的な混乱によって変質してしまったと宇沢氏はみなすのである。

このように、リベラリズムを社会的な文脈のなかで意義づけていくリベラリズム哲学も、上でみたように教育のある種の社会的理念を想定している。そしてその理念を再確認することによって、教育の現状を批判的に照らしだしていくという議論のすすめ方を踏襲している。ただその際、問題となるのは、進歩派の教育原理を理念化していくことによって、ヴェトナム戦争後、すなわち一九七〇年代以降しだいに顕著になってきたリベラリズムの理念をめぐる錯綜した対立局面に、一体どこまで決着が付けられるのかということである。このように反問するのは、学校教育の効用を《経済性の論理》に則って量ったり、学校教育の改善を《自由市場の原理》の導入によって促そうとしたりする議論も、同じように「リベラリズム」の名のもとでだされてきているからである。そうした議論が、一九八〇年代以降先進工業国といわれる各国の教育改革をリードしてきているのは事実で、今問われているのは、マネタリズムの経済学者ミルトン・フリードマンのような人の所論を拠りどころに、「教育の自由化（＝規制緩和）」論がだされていることに対して、進歩派の教育原理がどこまで有効かということである。

このように、リベラリズムは今まで進歩派が擁護してきた理念——それはすでに「伝統主義的」とでもいえるものとなっている——ばかりではなく、もう一方の「現実主義的」ともいえる市場経済論のポリシーにおいても基調とされている。そのためリベラリズムの理念は切り裂かれ、同一化が難しくなってきており、それが現代のリベラリズム哲学が当面する理論状況をなしている。

リベラリズムの二面性

教育へのリベラリズム哲学の関わりについても、これまで二つの異なる側面が付きまとってきている。その第一の側面は、自立した主体者の存在を前提にして、その主体者の知的な営為を排他的に、いい換えれば外部の政治的・経済的な要求から独立して保証していくことに価値をみとめるという面である。そして第二の側面は、自立した主体者の創出のための前提として、適切な配慮や介入を積極的に要請していくことに価値をみとめるという面である。「アカデミック・フリーダム」の理念は第一の側面を、「リベラル・エデュケーション」の理念は第二の側面をそれぞれ象徴的に表現してきている。しかもこの両側面は、現代においてはしばしば《リベラリズム哲学の二面性》として問題になってきている。それは、二つの側面がそれぞれ独立した二つの特徴を表わしているというよりも、どちらかの面にバイアスを懸けざるを得ない場面や、それでもなお両側面の関係を整合的に説明していかなければならない場面が、教育機会の配分にかかわる現実的な問題などでしばしば起こるようになってきているからである。たとえば、自由な研究活動を擁護する「アカデミック・フリーダム」の理念と、自由で平等な公民形成のために規律と統制を呼び込む「リベラル・エデュケーション」の理念は、一方の理念を高等教育の配分原理に、もう一方の理念を中等教育あるいは初等教育の配分原理に割り振ることによっては調整がつかない。『民主主義の教育』（*Democratic Education*, 1987）の著者のエイミー・ガットマンが指摘するように、現代の民主主義社会においては、程度の差はあるもののどの段階の教育においてもこの二つの配分原理が同じように関わってくる。つまり二面性の問題が付いて回っているのである（Gutmann［1987：chap. 5,7］）。

現代のリベラリズム論争

またこうした二面性の問題は、かならずしも教育の配分原理にだけみられることではない。それは現代社会において、福祉・医療などの公共的な事業をはじめ、さまざまな社会領域に属する公共財（パブリック・グッズ）の配分についても共通してみられる問題であり、教育だけに特権的な領域固有性がアプリオリに与えられているわけではない。現代のリベラリズム哲学、とりわけて一九七〇年代以降のリベラリズム哲学について問われてきたのは、端的にいえば、上で述べた二つの側面のうちどちらの方にバイアスを懸けるのが「リベラリズム」の名に価する施策かという見極めである。これが「現代のリベラリズム論争」とでもいうべき対立軸をなしてきているのは周知の通りである。アイザイア・バーリンのように、消極的な自由、すなわち「〜からの自由」に自由の本義を求めつづける有力な論者がいる一方で（バーリン［1958（1971）：297ff.］）、すべての国民を自由の享受者として形成していくために、厚生主義的な「〜への自由」の施策をリベラリズムの名のもとで要請するジョン・ロールズのような論者もいる。この二つの立場の対立が、理論の上ばかりでなく現実の政治的な政策決定過程にきわだって反映されるようになるのも、一九七〇年代以降のことである。

ロールズの『正義論』（*A Theory of Justice* 1971）は、かつて近代の初期にルソーが用いた社会契約の考え方をよみがえらせて、社会関係の再構築へのリベラリズムの手続き、すなわち自由で平等な主体を想定した契約論的な手続きを明らかにした画期的な作品としてつとによく知られている。人びとが、今仮に自分の身分や才能などの属性についていっさいの自己情報を遮断された白紙の状態——これをロールズは「原初状態」（オリジナル・ポジション）と呼んでいる——で、新たに社会をつくりなおすとすればどのような社会が望まれるであろうか。このような思考実験を仮設した上で、ロールズは自由が平等に配分されるような社会、そして最も不利な属性を所有してしまった人にこそ最大の恩典が差別的に与えられる——このことをロールズは「格差原理」（ディファレンス・プリンシプル）と呼んでいる——ような社会を、人びとは合意のもとで望むはずである、と想定している（Rawls［1971：101ff.］）。そうした利他主義的な合意が成り立つと予測できたのは、人びとはたがいに自分だけが損をするような事態は避けたいと思う「合理的存在」（ラショナル・パーソン）であるからであるが、そうした想定のもとでロールズは、すべての人に例外なく実質的な自由——

つまり「〜への自由」——を保証していくことこそが「公平としての正義」であると論証し、この正義にもとづく公共財の再配分を正当化した。ロールズにおいてリベラリズム哲学は、このようにすべての個人の自由の保証を社会全体の責任に帰する思想体系として、現代において新たな意義を吹き込まれたのである。

《政治》と《経済》

このロールズとともに、いやロールズ以上に突きつめてリベラリズムの二面性の問題に取り組んできている論者として、もう一人アメリカの法哲学者ロナルド・ドゥウォーキンを取り上げることができる。ドゥウォーキンによれば、リベラリズムの理念には《政治の領域》と《経済の領域》とで二つの顔（アスペクト）があり、そこからは次のような正反対の要求がそれぞれ向けられてきているという（Dworkin［1983：1f.］）。まず《政治の領域》のアスペクトからは、個人の自律性を保証するために、政府に対して「中立的であれ」という要求が向けられる。もう一方の《経済の領域》のアスペクトからは、個人の自律性の基盤である平等性を保証するために、政府に対して「責任をはたせ」という要求が向けられる。同じリベラリズムの立場からではあるが、個人の自律性は一方の《政治の領域》では前提条件とみなされて、政府の介入は排除されるが、もう一方の《経済の領域》ではそれは創出目標とみなされて、政府の積極的な関与が逆に要請されるというのである。

リベラリズム哲学が社会的施策について指摘してきているこうした二面性は、教育のいとなまれ方を社会的地平のなかでみていこうとするとき、重要な関わりをもってくる。

[3] リベラリズム哲学からみた教育学的教養

経済の論理との対決

現代社会においては、教育へのリベラリズムの関わりも、前に述べた「アカデミック・フリーダム」と「リベラル・エデュケーション」との二面性にみられるような理念の次元で問題になるだけではなく、いっそう現実的な次元でも問題になってきている。というのは、現代の教育が一人ひとり自律した個人の形成を中心的な課題にしていく際、この課題に対して――ドゥウォーキンの言葉づかいを用いるならば――《政治の領域》のアスペクトと《経済の領域》のアスペクトから同時に異なる配慮がなされてくるからである。教育は、「リベラリズム」の名のもとでなされる社会的施策である以上各個人の選択意思を尊重しながらなされなければならないが、同時に、そうした選択が自律したものになるようにその能力を育成していかなければならない。一方では前提に置かれていることが、もう一方では目標に据えられなければならないのである。しかも選択能力の育成という目標は、すべての個人を対象にする公共性をおびた課題でもあるのである。

こうした二つの領域に跨る課題を整合性のあるものとして追究していくことは、《経済の領域》がこんにち個人の実質的な自由の保証のための公共的責任というドゥウォーキンが限定した役割を踏み越えて、「教育改革」の名のもとで教育計画の全般を自己の論理のもとに包摂しようとしてきているだけに、一段と緊要になってきている。リベラリズム哲学から教育学は、経済の論理との対決も課題として投げかけられているのである。こうした現実的な課題にこたえられる教育学的教養が、リベラリズム哲学との接触界面において求められているのである。

中立性の価値

教育にそれ固有の領域と課題を保たせるために、教育学がリベラリズムの思想から汲み揚げてきたのは、何よりも「中立性」(ニュートラリティー)という価値であろう。たしかに、ドゥウォーキンもみとめていたように「中立性」はリベラリズムが一貫して擁護してきた価値であり、それが今なお教育学的教養を供給しつづけている。ただし、中立性の価値が教育学的教養として成り立つためには、ある種の教育的な前提を必要としている。それは自律した選択意思を備えた主体が存在していなければならないということ、つまりアラスデア・マッキンタイヤーの言葉で表現すれば「教育された公衆」(エデュケイテッド・パブリック)が存在していること、という前提である。マッキンタイヤーは、「近代」(モダニティー)が排除してきたのは、こうした教育された公衆の存在可能性である」として、教育的な前提を欠く近代の諸価値が抽象的なものにならざるを得なかった事情を指摘している(MacIyntre [1987 : 17])。実際にドゥウォーキンの場合も、政府に対して「中立的であれ」という要求が向けられるとき、自律した選択意思を備えた個人の存在が前提にされていたはずである。しかし、そうした個人の価値選択に対して政府がなすべきこと、いや、することが許されていることはできるだけ多様な種類の選択の機会を用意しておくことに限られていた。そうした限界を画定するのが「中立性の価値」であり、この意味での中立性がこれまでリベラリズムの制限原理として受け継がれてきたのである。

自律性と道徳性

しかし、それでは各個人は、用意された多様な選択肢のなかからどのようにして自身の価値を選択していけばよいのであろうか。この各個人の価値選択の次元になると、中立性はもはや指標としての有効性をもち得なくなる。というよりも、そういう実質的な面で価値選択の指標を示さないという点において、中立性は価値なのである。この意味で中立性は《中身の価値》というよりも《枠組みの価値》に止まり、その枠組みのなかでは各個人の価値選択はたがいに自律性がみとめられていくことになる。

そうであるからこそ、ドゥウォーキンは個人の自律的な選択意思に対して、さらに「道徳的」（モラル）であることという制約を付け加えなければならなかった。つまり、道徳的自律性を備えた個人の存在を前提にしてはじめて、中立性は価値になり得るのであり、その制約がはずされるならばリベラリズムの価値観は、たとえば「一人ひとりの個人の生き方を尊重する」などという《中身の価値》に欠ける――ある意味で相対主義にも通じる――価値論におわってしまうことになる。

そうなると問われなければならないのは、特定の《中身の価値》を前提にする中立性が、はたして「道徳的」とみなされるか否かという問題である。しかもこの問題は、リベラリズムの価値観に抵触しないかたちで検討されていかなければならない。そこで、中立性の道徳的価値を判別するもう一つの価値が呼び込まれることになるが、それが「自律性」（オートノミー）であった。しかし、仮に「道徳的であること」の判断規準として「自律的であること」が挙げられるとすれば、次のような循環論が待ち受けていることになる。すなわち、自律的であるからそれは道徳的であるのか。その反対に、道徳的であるということは自律的であることを含意しているのか。あるいは、自律的ではあるが不道徳的であるというような背理も成り立つのか、などといった循環した問題である。こうした「自律的であること」と「道徳的であること」との意味上の包摂関係を明確に規定しないまま、ドゥウォーキンは中立性が価値であることの前提として、自律性が「道徳的自律性」（モラル・オートノミー）でなければならないことを端的に要請したのである（Dworkin［1983：2f.］）。

アポリアとしての道徳性

たしかに現代社会では、自律性にはひときわ高い価値が与えられ、そこから「自分のことは自分で決める」という排他的な自己選択と自己決定にも派生的な価値が与えられてきている。これらの価値は、中立性という枠組みに価値を置く考え方のもとで成り立っている。この中立性と、その枠組みのなかでの自律性とに価値としてのプライオリティを与えてきたのがリベラリズムである。このような意味でリベラリズムを理解していく受け取り方は、「〜からの自由」に強調点を置く理解を引き継いでおり、この限りでは中立性と自律性の価値を査定していくさらに上位の価値、つまり道徳性の価値について立ち入った検討をしていく必要性はそれほど強くは抱かれない。というのは、たとえそうした検討をしていくとしても、一体《誰が》その道徳性の価値の中身を示すことができるのか、というアポリアが待ち構えているだけであるからである。こうしたリベラリズム理解のもとでは、あらためて道徳性の価値の関与を問いなおす余地は広くは残されてはいない。それは——ドゥウォーキンのリベラリズム哲学がそうであったように——端的に要請されているのみなのである。

中立性批判

それに対して現代イギリスの教育哲学者ジョン・ホワイトとパトリシア・ホワイトは、ドゥウォーキンのこうしたリベラリズム哲学、とりわけてその「中立性」重視の価値論がそのままでは教育学的教養にはなりえないことを明確に指摘している（White & White [1986]）。というのは、ドゥウォーキンは一人ひとりの個人を、それぞれの個別の意思の多様性にもかかわらず「平等なものとして扱う」（treat as equal）という平等主義に立ち、それゆえにこそ「中立性」をリベラリズムの価値論の中心に位置づけたのであるが、その限りでは人びとを道徳的にみてより善き生に導こうという教育学の発想はでてこないからである。ドゥウォーキンからすれば、そうした特定の道徳的な価値判断に立つこと自体が人びとを「平等なものとして扱う」ことにならなくなり、中立性の価値に抵触してしまうことになる。しかしホワイトらからすれば、ドゥウォーキンは、道徳的な価値判断が誰か特定の個人の選好（プリファレンス）ではないという「明白な根拠が欠如しているからこそ、中立性をリベラリズムの中心的な特徴として位置づけ、特定の善き生の観念が他のものを支配することを許さない」ことにリベラリズムの要点を求めたまでなのである（White & White [1986 : 150]）。いい換えれば、ドゥウォーキンは中立性を《価値》として積極的に主張しているわけではないのである。そうした消極的な価値としての中立性は、人間形成活動としての教育を方向づけていく規範的な原理としては不充分なのである。

それでは、中立性にかかわる価値として、リベラリズム哲学は道徳性の価値の中身をどこまで積極的に提示することができるのであろうか。それを探ることによって、広く社会の文脈のなかで個人の自己形成活動への支援と介入作用のために固有の領域を画定していくことができるような教育学的教養が、どのような議論のなかから得られることになるのかを、以下ではみていくことにしたい。ここでそのテスト・ケースとして検討されるのは、『自由の道徳性』（*The Morality of Freedom*, 1986）の著者でもある現代イギリスの法哲学者ジョセフ・ラズの「卓越主義的」（パーフェクショニスティック）といわれるリベラリズム哲学である。

[4]　卓越主義的リベラリズムと支援としての教育

私的信念と公共性

人びとは、それぞれがいとなんでいる生について、それぞれ何らかの信念をもち、その独自の信念によって自分の生き方を価値あるものとみなしている。そうした独自の信念にもとづく価値づけをたがいにみとめ合うことができるのは、あくまでもそれがその人自身の生き方についての価値づけであるからである。仮にそうした私的な信念を公共の場にもちだして、それを政治的決定の全体的な根拠に据えるようにと主張する人がいれば当然非難されるであろう。

しかしラズは、「中立性」の名のもとで、各自の私的な信念を公共の場から極力除こうとすることよりも、「真の決定の根拠になり得るのは何かを政治的に熟慮していくプロセス」において、各個人の私的信念が一定の役割をはたしていくことに、むしろ積極的な意義がみとめられるべきである、というような考え方をしていく（Raz［1994：102］）。つまり、人びとは、自分自身の生の価値に関する独自の信念に当面準拠しながら、公共的な場での「真の決定の根拠」を求めて他の人の信念を一つひとつ検討していくのであり、この意味では、人びとが何らかの独自の信念を抱いて政治的決定に参画していくのは許されてよいことであるばかりか、勧められてよいことでもある、とラズは強調するのである。このように、各自の多様な信念に積極的な役割をみとめるラズは、現在支配的なリベラリズム哲学について、次のようにいっている。「わたしは善き生についてのわたしの信念を、わたし自身の生の行為について適用すべきではあるが、それを他者の将来に影響を及ぼす公共の政策に適用するようなことはすべきではない、というような考え方は、これまでの議論からすれば支持されない」と（Raz［1994：103］）。

ここで支持されないと見なされるような考え方、すなわち、私的な信念とそれにもとづく各自の生の価値づけを、公共的な決定場面にもち込むのに限界を画して、他者の信念形成に対してできるだけ制限的なスタンスを採ろうとするような考え方も、それなりの根拠の上に成り立ってきている。ラズによれば、それは個人の自律した判断が否定されたり、信念が画一的なものにされたりすることに対する警戒心、とりわけて政府機関の権力行使に対する警戒心の上に成り立っている。現にドゥウォーキンの「中立的であれ」という要求は、政府に対してこそ向けられていた。

それに対してラズにとっての中心的な問題は、一方での画一性（ユニフォーミティー）への警戒と、もう一方での個人の自律性（インディヴィジュアル・オートノミー）の尊重が、他者の信念形成への介入の必要性を強調するもう一方の考え方、すなわち、「政府はその権限の範囲内で、個人の善き生＝幸福（ウェル・ビーイング）を保護し促進すべきであるという考え方」と、本当に両立できないのかということである。いい換えれば、リベラリズム哲学の二面性の克服こそがラズの課題であったのである。

公的支援の可能性

上で述べたような制限的なスタンスが維持される限り、政治的な権力による画一化は拒否され、個人の自律的な判断はできる限り擁護される。しかしその一方、それでは個人はどのような生き方に価値を求めるべきなのかの判断は、このスタンスのもとでは個人の私的領域に属するものとして公共の領域から切り離されてしまう。つまり、他者および公的機関による積極的な支援と介入が必要であるとするリベラリズム哲学のもう一方の要請とは、両立が想定されてはいない。そのためラズによれば、各個人が人間として豊かになるということ、いい換えれば個人として幸福であることが、人びとのあいだでの《文化の共有》なしにはあり得ないことを、リベラリズム哲学はこれまで解明できないできているのである（Raz［1994：103］）。

そこでラズは、仮に制限的なスタンスが維持されなければならないとしても、他者の信念形成に対する支援と介入への批判は、これまでとは異なる観点からなされるべきである、という。すなわち、「これまでの批判にかえて、自律性の否定と画一性の押し付けは、［それ自体が非難されるべきことなのではなく＝引用者による補足］それがもとづく個人の幸福についての間違った観念のゆえに批判されるべきなのである。その間違った幸福観を、自律性と価値多元主義との結び付きにもとづく幸福の観念に置きかえることによって、はじめて政治において道徳がどのような役割をはたすのかについての真の見通しが恢復されるのである」と［Raz［1994：103］）。

個人の幸福は、たんに自律性の否定と画一性の押し付けのおそれがなくなり、私的領域が確保されるというような消極的な状態を意味しているのではない。それよりいっそう積極的に、個人の自律性が育成され、同時にまた、ときにはみとめ難い他者の価値志向さえもが促進されて、はじめて個人の幸福は保証されたことになるのである。こうしてラズは、価値多元主義と自律性とを個人の幸福との結び付きにおいて意義づけていく、という独自の見地からリベラリズム哲学の二面性の克服に取り組んでいくのである。

価値多元主義

ラズによれば、一般的な見方に従うと「価値多元主義」(ヴァリュー・プルーラリズム)は、さまざまな生き方や善さの観念について、それらの道徳的価値の中身には立ち入らずに、それ自体をすべて寛容の対象にしていくというような立場を指してきた。要するに「多元主義」とは「相対主義」の類義語でしかなかった。それに対してラズは「多元主義」にこれまでとは異なる意味を次のように与えていく。

「わたしたちの生き方において、わたしたちに開かれている進路の多くは両立不可能なものである。しかし、それでも同時にそれらはどれも価値のあるものである。それらがどれも価値のあるものであるというのは、一つひとつの生とその追求が、それぞれ善きものであり、それに従う人の幸福に寄与しているからである。またそれらが両立不可能であるというのは、それらはそれぞれ異なる資質を要求し、そのためそれ自体では善きものである他の資質を相対的に軽視したり、抑圧さえしてしまうので、誰もただ一つの生のなかにそれらすべての資質を結び合わせていくことはできないからである。わたしが『価値多元主義』によって意味しているのは、こうした意味での価値の複数性と、価値のある多くのもののこの両立不可能性のことである。」（Raz [1994 : 104]）。

このように、ラズにとって価値多元主義とは、価値観の対立の乗り越えを「寛容」（トレランス）の名のもとではじめから折り込んでしまっている概念ではない。それは、個人と個人とのあいだの相互的な共存関係にかかわる概念であるより前に、一人の個人が、一つひとつ価値ある生を同時に複数いとなむことができない――両立不可能な資質が要求されるために――という受けとめ方を要求していく概念なのである。この受けとめ方自体は決して独創的なものではないが、この価値の複数性を個人の自律性の不可欠の要素としたところに、ラズの見解の独自性がある。それぞれの個人が、自分自身の善き生と判断した生き方は尊重されなければならない、という意味での自律性の尊重は、価値多元主義の見方と結び付いてはじめて意義をおびてくるのである。この意味でラズは、「価値多元主義は自律性と親密に連結している」といっている（Raz [1994 : 104]）。

価値ある選択

ラズはまた、自律性の概念には「自己規定」（セルフ・ディフィニション）と「選択」（チョイス）という二つの側面があるという。すなわち、ただたんに定められたライフプランをそのまま追求するのではなく、そのつど決断を繰り返しながら、少しずつ「自分が最後にはそのようになると判明していくものに向かって、自分自身を形成していく」ということが自己規定の側面であり、また自律性が価値あるものになるのは「価値ある多様な選択肢のなかから、意義のある選択をする」ときだけである、というのが選択の側面である（Raz [1994：104]）。どちらの側面についても、ラズが繰り返し強調するのは、たんに自分の生き方を自分で選択できればよいのではなく、またたんに選択肢は多様であることが望ましいということでもなく、そうした自己規定を通して生きがいのある生き方が明らかになってくるということ、そして価値ある選択肢こそが与えられているということである。つまり、「価値あるものは何か」という観点を抜きにしては、自己規定も選択も意義づけられることはないのである。ラズは次のようにいっている。「自律性と多元主義は、広い範囲の選択肢が利用可能になることを要求するだけではない。自律性と多元主義は、それらの選択肢が価値あるものであることをも一致して要求している。わたしたちが自律性を価値づけるのは、それが自律的な人の幸福に加えられている限りにおいてである。……わたしたちが自律的な選択を価値づけるのは、それが価値あるもの、選択に価するものの選択である限りにおいてである。」（Raz [1994：104]）。

ラズがこのように「価値あるもの」（ヴァリュアブル）、「選択に価するもの」（ウァズィ・オブ・チョイス）を強調するのは、自律性や自由な選択の促進がかならずしもその個人の幸福につながるとは限らないとみるからである。自律性それ自体は、価値的な観点に立てばニュートラルなものにすぎない。たんに自己規定と選択の機会を保証することではなく、価値ある生き方に向かっての自己規定と、道徳的に有意義な選択肢のなかからの選択とが、「自律性と価値多元主義とを結び合わせた個人の幸福の観念」、すなわち卓越主義的リベラリズムの中心的な観念なのである。この意味で、ラズは「卓越主義的リベラリズムはしっかりした道徳的基盤の上に立っている」といっている（Raz［1994：105］）。

支援としての教育

それでは、「価値あるもの」は何かの決定はどのようになされていくのか。とりわけて、この決定にかかわる道徳的基盤は誰によって、どのようにして用意されていくのであろうか。この問題への回答として、ラズは政府の側に保護・助成の役割をみとめていくものの、政府の役割を多様で意義のある選択肢を用意していくことにこそ求めている。「政府、そして一般に他者は、人びとの向上を助けることができる。しかしその支援は、自律的な生をつくりだすためのさまざまな条件を調えていくことを通してのみなされる」とラズはいう（Raz［1994：105］）。このようにラズのリベラリズム哲学は、「中立性重視」のリベラリズム哲学とはちがって、「自由に対するリベラリズムの尊重を、個人の幸福に対する政治の関与によって基礎づけていく」ことに特徴がみられる（Raz［1994：106］）。

また卓越主義のリベラリズム哲学からすれば、現にいまある自律性を擁護することよりも重要なのは、その自律性にいかにたどりついたのかの影響関係を理解していくことである。その理解にもとづいて、これから先の支援のあり方も決められていく。要するに「自律性への配慮は、環境への配慮なのである」（Raz［1994：106］）。しかも、この環境（エンヴァイロメント）への配慮は、個人の向上のための条件整備に止まらず、個人の自律的な選択を公共的な財に関わらせることにもつながっていく。たとえばある職業に留まるか、離職するかは、個人の自由な選択にゆだねられるものの、その際その職業がもつ公共的財としての性格にどれだけ配慮がなされたかどうかで、その人の選択が自律的なものであったかどうかが分かれる。この意味で、人びとがたがいに共有する文化は、その場で人びとの選択がなされる環境を形成しており、それが共有されることによって人びとの善き生は維持されていくのである。ラズは、「自律性を維持する共有される文化が、すべての人びとの自由の前提条件である」といっている（Raz［1994：107］）。

このように、人びとの自由が擁護されるのは、人びとが各自の選択において公共的な財を維持していく限りにおいてである。しかし、公共的な財に反する不道徳（インモラル）で、品の落ちる（アブノーブル）なものを自律的に選択していく人についても、ただたんにその人を庇護の対象外に置くのではなく、そうした選択がその人の善き生＝幸福を殺ぐことになるであろうという見地から、対処していくことが重要なのである。リベラリズムである以上、個人の自律性が尊重されるのは大前提であり、たとえそれが不道徳なものの自律的な選択として表われたとしても、対抗策としては、「善きもの、価値あるものを奨励し、価値なきもの、悪いものを思い止どまらせる」ことに限るべきなのである。こうした対抗策は、特に性の売買のような「被害者なき不道徳性」といわれる行為の選択については考慮されるべきである、とラズはみている（Raz［1994：108］）。不道徳性は取り締まることによってなくならせるべきものではなく、むしろ取り締まりにより個人の自由な追求を拒むことが、社会全体に及ぼす悪影響をこそ恐れるべきなのである。この意味で、悪の選択に対してもある種の寛容が必要である。このようにみなすのは、「個人の自由に対する配慮は、全体としての社会の条件に対する配慮に直接つながっていく」と考えるからである（Raz［1994：109］）。

［5］結び——共同体と教養

卓越主義のリベラリズム哲学の立場からは、このように、個人の自律的な向上に対する積極的な支援策が正当化される。その支援策は、個人の価値選択が、公共的な財、ないしは共有される文化を環境としてなされていくように促していくところに特徴があるとともに、学校教育のような制度化された教育関係を前提にしてはいないところにも特徴がある。これらの特徴は、教育学的教養が、これまでのような主として教師—生徒関係の学校空間のなかでのペダゴジー的教養から脱皮して、大人、市民、人間の自律性支援を総体として対象としていくアンドラゴジー的教養に拡充していくとき、特に考慮されるべきことであるといえよう。そのように教育学的教養を拡充していくことは、教育学の研究対象を拡げていくことばかりでなく、今後の教育学研究の同一化を再構築していくことにもつながっていくはずである。

教養は、それぞれの学問分野の基礎過程に相当すると同時に、その分野と他の分野の境界を画定する同一化の基盤でもある。かつてヘーゲルが「教養」（ビルドゥング）を、一人ひとりの個人が共同体のなかで自己を実現していく主体的な活動として、「自己疎外的精神」のなかに位置づけて捉えたことはよく知られていよう（ヘーゲル［1807：4部・B章］）。教養は、みずからが産みだした共同体なしには存在しないばかりか、それぞれの共同体を永続させる歴史的な機構でもある。それだからこそ、教養の変質・拡充は、共同体の体質改革にも作用を及ぼさずにはおかない。教育学研究という知的営為が、今後とも一つの《共同体的営為》として永続していくためには、これまでの現場対応にもとづくペダゴジー的な教養のほかに、教育の固有領域をより広く社会の現場のなかで画定していく教育学的教養が求められよう。本章では、そうした新たな教育学的教養の創出にリベラリズム哲学が重要な関わりをもつことを示そうとしたのであった。

第五章　教育の選択と社会の選択

[1]　教育と選択

教育の論理と選択

教育と選択との取り合わせに関してまずいえることは、教育は人びとの選択の対象となる前に、教育自体が選択を内にふくんでなされているということである。教育を「意図的な形成作用」と限定（定義）するならば、その教育の意図には当然目当ての選択、中身の選択、やり方の選択などがふくまれているはずである。

同じことは教育をする側だけでなく、教育を受ける側についてもいえる。教育を受ける側、とりわけて子どもが「選びながら発達する」存在であることを繰り返し唱えたのは周知のように大田堯氏である。大田氏は、子どもは誰でも遺伝により決められた発達をとげるのではなく、ある種の目的意識をもって選択的に発達していくのだと力説した。この選びながらの発達を大田氏は子どもの権利と位置づけて、「選びながら発達することの権利」を定式化している（大田［1983：163ff.］）。

子どもの側に選択する権利をみとめることは、国連の『子どもの権利条約』（一九八九年）で宣言されたかずかずの権利の核心ともいえる発想である。それはまた、子どもを教育する側、つまり教師による前述の目標、内容、方法などの選択を正当化する根拠ともなっている。そればかりでなく、親による学校の選択も子どもの「選びながら発達することの権利」にもとづいており、その限りで親にも学校選択権がみとめられることになる。

しかしながら、本節の目的はこうしたいわば教育に内属する選択の契機の重要性を蒸し返すことではない。また、教育にかかわる子ども・教師・親の選択を、権利として申し立てる必要性を重ねて強調することでもない。本節の目的はそれよりはるかに限定されており、ただ関連したトピックをいくつか提供するだけに止どまる。それらのトピックに共通する問題意識をあらかじめ述べればこういうことになるであろう。すなわち、現代の教育状況のなかで教育についての選択の重要性を強調したり、教育についての選択を子ども・教師・親の正当な権利として申し立てたりすることは、選択「者」相互の対立や矛盾を考慮に入れないならば、当初の意義を失うのではないか、と。

公共的選択と教育選択

このように通念ともいえる見解に異議の申し立てをしていく理由は外でもない。選択を教育に内属する契機と受けとること――以下、このことを《教育の論理に組み込まれた選択》と呼ぶことにする――からは、教育を選択できるもの、選択すべきもの、つまり選択の対象と受け取る見方に対して批判的なスタンスを築いていくことができないからである。こんにち教育における選択が問題になるのは、権利としての選択がまだ充分に行き渡っていないからではない。また、選択の幅が限られているため、教育がそのはたらきを十全に発揮できないからでもない。仮にそれだけのことであるならば、教育を授ける側にも、受ける側にも選択の余地を広く保証していけば問題は解消していくであろう。しかし実際には、選択の幅が拡大されると、それにともない新たな問題が拡がってくる。つまり問題なのは、教育が人びとの選択の対象とみなされることから惹き起こされる教育の歪みなのである。あたかも、どのストアにいって食材を買うかが個人の選択にゆだねられているのと同じように、どの教育を受けにいくかも個人の選択にゆだねられているとみなされる。このこと、つまり「教育は選べる（教育は買える）」という意識の拡がりが教育の本来のいとなみを歪めているばあいが少なくない。それが問題なのである。

前述のように、教育は本来的に――定義により――選択を内にふくんでいとなまれている。しかしまた、その教育自体が選択できる／選択される対象ともなっている。教育と選択との包摂関係を定式で示せば、「選択 ∩ 教育 ∩ 選択」と表わすこともできよう。この定式には、教育が実際にははたしえないような期待感からなされる選択もふくまれている。つまり選択の濫用（アブユース）がみられるのである。この事態に対して批判的なスタンスを築いていくためにはどこから手を着けていけばよいのであろうか。その手がかりは、もはや第一項の選択の原理、つまり《教育の論理に組み込まれた選択》に回帰することからは得られない。仮にそのように考えていくとすれば、それは重箱を包んでいる風呂敷をさらにその重箱で包み返そうとするようなものである。もっと端的にいえば、肝腎の重箱の中身は——規範的原理として——空虚かもしれない。教育にはいつでも、「こうすると善くなる」という促進原理とともに、「これ以上は止めておけ」という歯止めの原理もどこかになければならない。教育に内属する選択とか、権利としての選択とかの発想にはこの歯止めの原理が欠けているのである。

教育が人びとの選択の対象になっているという事態は、教育をその一部としてふくむいっそう大きな社会的な財（ソーシャル・グッズ）に関して、どのような配分方法を選択するのがよいかという公共的選択（パブリック・チョイス）を視野に入れなければ批判的なスタンスは得られない。つまり、前記の定式の第三項の選択を、公共的選択の一つのケースとして広く位置づけてみていかなければならないのである。これが以下での要点である。

［2］　選択とリベラリズム

価値と選好

何が《善い》ことなのか、どれが《価値ある》ことなのかの選択は、リベラリズムの立場に依拠すれば基本的に個人の選好（プリファレンス）にゆだねられる。リベラリズムを社会の構成原理としていく限り、社会のなかで個人の選好は最大限許容され、そのさい歯止めとなるのは他者の選好を妨げないということだけである。したがって、《善さ》や《価値》についての選択は選択者自身の選好が表明されれば正当化されてしまう。つまり、「なぜあなたはそれを価値あるものとして選んだのか」の問いに対して、「わたしはそれの方が好き（プリファー）だから」と応じるだけで回答となってしまう。「なぜそれが好きなのか」の追撃に対しては「好きだから好きなのだ」と応じていけばよい。好き／嫌いの選好にはもはやそれ以上の理由づけは必要ないのである。いい換えば、個人の選好により選択されたものがその人にとっての《善さ》であり、《価値》である。この選好と《価値》選択の堅い結び付きには、他者が入り込む隙間がないのである。

この選好リベラリズムに従えば、選択は他者の選択に干渉しないことの見返りとしてすべての個人にみとめられる。しかも、選択の対象となるものの領域は相当に広く、衣食住に関わる些事のほとんどはこの領域内に入っている。そのなかには、当然「強いられた選択」もふくまれているであろうが、ユネスコ編『世界教育白書一九九六』が指摘するように、「任意の選択」を「強いられた選択」から識別するのは実際上難しく、「深く根づいた社会的慣習によって、選択……がしばしば強く制約され、制限される」ことを考慮に入れていく必要もあるであろう（ユネスコ［1997：52］）。

選択と他者性

ジョン・S・ミルは『自由論』（*On Liberty*, 1859）でその人自身にだけ関わること、つまりセルフ・リガーディングな事柄については広く個人の選択の自由がみとめられるべきであるとした。周知のように、個人の自由な選択の限界点をミルは「他者への危害」という歯止めの原理に定めている。他人への危害に抵触しない限り、人は自由にものごとを選択していくことがゆるされるのである。

しかし問題は教育の選択であり、それがセルフ・リガーディングな事柄、いい換えれば他者に危害を及ぼすおそれのないその人自身にだけ関わる個人的事項に属するかどうかである。ミルのいう「危害」（ハーム）を、「迷惑」（トラブル）にまで拡大解釈していってもよいかもしれない。そうなると、問題は教育の選択が他者に迷惑を及ぼすことのない事柄に属するかどうかである。他者がその人自身の子どもにどのような教育を選択していこうと、それは当方には迷惑にはならない、と考えてきている人は、次のような場面に立たされても同じように考えていくであろうか。――これまで地域のなかで、一緒に共同して子育てにあたってきた親たちのグループが、子どもたちが就学年齢に達したとき意見が分かれ、大半の親が子どもを遠方の私立校に入れることに決めてしまったため、少数の親の子どもが地域に取り残されることになったというような場面では、他者の選択といえども、自分の子どもの今後の教育環境に影響を及ぼしてくる以上、他人事として見過ごすわけにはいくまい。地域に取り残された親は、他の親たちを説得して回るよりも、自分の子どもも同じように私立校に入れていくことに踏み切らざるを得ないかもしれない。親から親への選択の連鎖反応が、強いられた選択以上にこんにち強く教育のあり方を縛っているのである。

また、選好リベラリズムにもとづく選択のもう一つの問題点は、選択された《善さ》や《価値》について公共的な妥当性の証明が必要とされないことである。つまり、その人にとっての《善さ》や《価値》が同時に他者にとっての《善さ》や《価値》である必要はなく、そうした挙証責任が当事者には負わされないということである。朝食には和食が一番と決めている人にとって、和食の《善さ》は疑われない。しかしそれは、その人にとっての《善さ》であり、それ以上のものでもそれ以下のものでもない。隣人に対して、わざわざそれの正当化をしにいくことはないであろうし、隣人には、かれ自身の《善い》朝食を用意させておけばよいまでである。

教育の選択についてもこれと同じことがいえるであろうか。善い教育は人それぞれで異なっており、それぞれが善しとする教育をそれぞれが選べばそれでよい。――このようにいってしまえるであろうか。

[3] 正当化と理論

教育の「善さ」の決定

かつてジョン・デューイが「もっとも優れた、もっとも賢い親が自分自身の子どもに望むこと、それを社会（コミュニティー）は社会のすべての子どもに望まなければならない」と述べたことはよく知られている（Dewey［1915：7］）。こうした社会的善さの決定方法に対して、これでは一部の特権的な親にだけ「善い教育」の決定権を与えるようなもので、民主主義的とはいえないと異を唱えたのはエイミー・ガットマンである（Gutmann［1987：13］）。ただ、ここでガットマンは、かつてのミルと同様の選好リベラリズムの立場から、「善い教育」の決定をすべての親のそれぞれの選択にゆだねた方がよい、としたわけではない。たしかにガットマンも考え方の多様性の尊重から出発している。しかし、その上でさらに何らかの合意された「善い教育」にたどり着こうとする社会的努力の重要性をも強調している。教育の公平な配分と再配分が、この合意された「善い教育」にもとづいて構想されている。こうした参加型民主主義の手続きを踏んで機会の実質的な平等に迫っていくところに、自己決定主義的リベラリズムから区別される「リベラル・デモクラシー」を主張するガットマンの独自性がある(1)。

要するに、教育には人それぞれの選択にゆだねるだけでは済まない問題がある、ということである。とりわけて、教育における「善さ」の決定に関しては、人びとの自由な選択と競争だけにゆだねるわけにいかない面がある。つまり私的分割化（プライヴァタイゼイション）できない面があるのであり、それはたとえば道徳の私的分割化があり得ないのと同様である。それゆえにこそ教育には理論――しかもたんなる「理論」というより「公論」――が必要なのである。自分自身の選択が他者の選択にもなり得ることを公共的に証明していく理論がいるのである。したがって、たとえば

「能力・適性に応じた教育」という国家的教育ポリシーも、その方が人びとの多様な選択を保証するからという《教育の論理に組みこまれた選択》だけで正当化されるわけではない。「能力・適性に応じた教育」のポリシーそれ自体の選択が、公共的に合理的かどうかの検証が必要なのである。それを経なければポリシーは正当化されない。やはり重箱で風呂敷を包むわけにはいかないのである。

理論の必要性

それにしても、なぜこれほどまでに正当化にこだわらなければならないのであろうか。それは、自己の選択を自分だけで納得するのではなく、立場の異なる他者にもそれを受け入れてもらいたいと願うからである。立場の相異を超えて、自分個人の選択が公共的に選択されるべき正当性もっていることを、理論の力によって示していく。それが正当化（ジャスティファイ）するということである。それは、審議会などの権威によって特定のポリシーの選択を一気に正統化（オーソライズ）してしまうこととは趣旨がちがう。権威によって正統化されたポリシーをも一つの選択肢として相対化していき、あらためて正当化を求めていく。この点では、自分個人の選択に自分で正当化を求めていくのと——少なくとも理論の上では——変わりがない。ここにも教育に理論が必要とされる理由がある。自分自身の選択を公共的な合理性の見地から正当化していくのが理論である。正統化された選択にただ追随するだけではもはや「理論」の名に価しないのである。

[4] 学校選択権

ラズの権利論

教育、特に初等段階の教育のばあい、親が子どもにかわって教育を選ぶことになるであろう。一般に親の教育権は自然権としてみとめられるが、親が学校を選ぶことが自然権の一部として同じようにみとめられるかどうかは、ただちには断定できない。というのは、親どうしのあいだで選択と選択とがぶつかり合うことがあるからである。ここでイギリスの法哲学者ジョセフ・ラズの権利論を引き合いにだそう(2)。

ラズはこういう。「権利」(ライト)ということを有意味に語ることができるのは、その権利に見合うだけの義務を他者に課することが正当であると論証できることがらについてのみである、と(Raz [1986 : chap.7])。この意味では、わたしたちにはたとえば「空気を吸う権利」などはない。なぜなら、この権利に見合う義務を負わせる他者が見出せないからである。(もし、「空気を吸う権利」があるとすれば、それはたとえば、宇宙ステーションのなかで作業員どうしのあいだで空気の配分をめぐり争いが起きたようなときである。)それでは、親の学校選択は「権利」の名のもとで有意味に語れるであろうか。ラズの見解にもとづくならば、障害をもつ子どもの親が教育委員会の就学指導委員会に対してわが子の普通学校への通学を求めるばあいなら、「親の学校選択権」は有意味である。というのは、義務を負わせるべき相手がはっきりしているからである（もちろん、この申し立てがみとめられるかどうかはばあいによる）。では、一般論として親の学校選択権が主張されるばあいはどうであろうか。この権利を楯に学区を越えた入学などが求められたとしたら、どうであろうか。

教育の選択と配分

ラズの権利論に従っていえば、この親の申し立てが「権利」といえるためには、他の親、とりわけて当該の子どもが越境入学してきたために不利益を被ることになる他の親にその不利益を我慢させる義務を負わせることが正当である、と論証されなければならない。この例のように、学校選択をめぐる権利は親たち相互のあいだで問題になることである。つまり、ある親たちには権利としての利益が、また別の親たちには義務としての不利益がそれぞれ割り当てられざるを得ないばあいについてのみ、「学校選択権」は意味を成す。この意味で、たとえば「国民の学校選択権」などというい方があるとすればおかしなことである。宇宙ステーションのなかでの空気と同じように、学校教育も限りある資源、つまり稀少財としてみなされるばあいに、そしてそのばあいにのみ選択は「権利」の範疇に入るのである。それゆえ、《教育の選択》と《教育の配分》とは対をなす問題なのである。

[5] 選択のイデオロギー性

選択と教育の《質》

ところで、「教育は選べる」というが、これはあるがままの事態を文字通りに指していっているわけではない。それはある種のメッセージを伝えているとみた方がいいであろう。つまり「教育というものは選べるものなのである」というメッセージである。このメッセージに託された意味はどのように解読していけばよいであろうか。

何よりもこのメッセージは、選ぶ側に主導権があることを伝えようとしている。生産者(=教育を授ける側)が消費者(=教育を受ける側)を選ぶのではなく、消費者が生産者を選ぶのであるから、この意味でチャイルド・センタードゥならぬコンスューマー・センタードゥの教育が求められている。そこで教育の生産者は、消費者のニーズを市場リサーチしながら、教育の《質》を高めていかなければ生き残れないことになる。また、教育においても消費者のニーズは多様化しているから、ここでいう教育の《質》には、多様なニーズに応じることができるという意味――つまり「能力・適性に応じた教育」という意味――がふくまれている。かくして選択こそが教育の《質》の向上をもたらす原動力である、とみなされることになるのである。

選択と選抜

しかしながら、このメッセージはかならずしも生産者向けのメッセージではない。むしろこれは消費者をターゲットとするメッセージであり、そこにこのメッセージのイデオロギー性が潜んでいる。イデオロギー性。つまり現実を覆い隠し、ある特定の意識を喚起するはたらきをこのメッセージはもっている。実際には消費者、つまり教育を受ける側が選ばれているにもかかわらず、「主導権はこちら側にある」という意識のみが促される。要する選抜（セレクチョン）と選択（チョイス）とが現実と意識とで反転しているのである。

そうしたイデオロギー性を取り去ってメッセージの真意を解読していくならば、次の意味しかでてこないであろう。すなわち、「教育は選べる」とは「教育は選抜をとおして配分される」ということに外ならない。「教育は選べる」といわれるとき、あたかもそこには配分「者」の存在は前提にされていないかのようである。いや、配分「者」の存在を消去するためにこそ選択「者」の主導権が強調されるのである。もはや、誰かに教育の配分をお願いするまでもなく、これからは教育を受ける側の選択眼、つまり権利としての選択を押し拡げていくことこそが肝要である、といった意識が上記メッセージのイデオロギー性——「選択イデオロギー」と呼ぼう——である。「教育における選択」という主題と、「教育における配分」という主題とはちょうど裏・表の関係にある。前者の主題は、後者の主題から切り離されると、実質的な意味を失い、ただ選択イデオロギーを振り撒くだけのメッセージとなってしまうのである。

[6] 選択と公正

不公正のための選択

たしかに、選択の幅が拡がればそれだけ生き方にゆとりができ、豊かさも増していくであろう。そういう期待感がある一方で、選択の幅の拡大は競争のステージをも拡げていく。それもまた覚悟しなければならない。しかもそれは当事者、つまり子どもどうしの競争であるばかりでなく、親たちの代理戦争の様相をも呈することになる。

既に明らかにされているように、イギリスでは一九七〇年代までに親の教育権をめぐりおおくの訴訟がなされ、親の希望がどこまでみとめられるかが議論された（窪田［1993：209f.］）。その後「選択」、とりわけて「親による選択（ペアレンタル・チョイス）」が教育改善の原動力として政策面に取り込まれるようになるのは、一九八〇年代、九〇年代の保守党政権下である。しかしその結果はどうであったのか。イギリスの教育学者ジェオフリー・ウォルフォードは、教育の世界にそうした市場原理をもち込んだ結果は公正さ（エクワティー）の喪失である、ときびしい総括をしている（Walford［1994：chap. 7］）。

選択の機会がふやされる結果公正さが崩れ去るのは、選択がたんに子どもたちの学力競争を激化させるからではない。そうした実力相応の選択、つまりメリットクラシーはそれなりに公正さにもとづいている。ウォルフォードが公正さの喪失とみるのは、学校選択が実質的にはペアレンタル・チョイスに外ならず、親の熱意を反映して、子どもの実力以外の要素――親の実力（財力？）――が作用してくるからである。この意味でウォルフォードは、時代の趨勢はメリットクラシーからペアレントクラシーに転じた、といういい方をしている。ペアレントクラシーのもとで導入される選択は、「不公正のための選択」を推進するだけである。

そこで、選択はもはや歯止めなしでは促すわけにはいかない。そうであるとすれば、歯止めをどこに求めていけばよいのであろうか。ウォルフォードはこういう。「[学校選択についての]根本問題は、個人の権利およびニーズと、より大きな社会的集団の権利およびニーズとのあいだにバランスを取ることである。個人の選択に対してどこで限界が引かれるべきかは、このバランスについて下される倫理的な判断を要する問題である。そしてこの問題は、正義と公平に関する社会の見方にかかわってくる」と（Walford［1994：6ff.］）。要するに、個人の選択を社会全体のなかに取り込み、「正義」（ジャスティス）「公平」（フェアニス）などの見地から倫理的な判断を加えていくべきである、というのである。

選択の歯止め

それにしても、個人の選択に倫理的な判断を加えていくということは一体どういうことであろうか。そうした個人の内面に立ち入って、「あなたの選択は善くない」などと倫理法廷まがいの判断を下すことがゆるされるのであろうか。個人の内面に立ち入らずに、もっぱら外側の条件を整備することで社会のひずみを正していくのがリベラリズムとデモクラシーの政治手法ではないのか。たしかにその通りである。アメリカで実施されてきたマグネット・スクールのこころみは、その典型といえるかもしれない。理科系重視のカリキュラムを用意したり、進学に直結した授業をしたり、有能なスタッフを集めたりしてさまざまな魅力ある学校づくりをする。それを政策面でバックアップすることによって、地域の子どもだけでなく、地域外の子どもをも吸い寄せていこうというこころみ、それがマグネット・スクールであった。その限りでは、このポリシーは個人の内面には立ち入らない。

たしかにこのポリシーは特色ある学校づくりに貢献し、その魅力（磁力？）で選択眼の肥えた親たちを吸い付けていった。しかし同じくらいの反撥力で、マグネット・スクールに入ることのできない子どもと親たちを弾き飛ばし、磁界を攪乱していってもいる。この意味では、マグネット・スクールは個人の内面に立ち入っていないとは決していえない。しかし、歯止めの原理を欠くポリシーの推進、いい換えれば、すべての人に善さ＝利益をもたらすことを謳《うた》い文句《もんく》とするポリシーは、ネズミ講と同様にどこかで破綻せざるを得ない。教育のポリシーは、それが人びとのあいだにもたらす結果の側からつねにチェックを受けなければならないのである。

[7]　機会の選択・結果からの配分

交換の正義

これまで何の限定も付けずに「教育の選択」といってきたが、選択されるのは、一体教育の「何」なのであろうか。大摑みにいって、それは教育の機会、つまり教育をうける機会の選択である。それに対して教育の結果、つまり教育を受けた結果の方は性質上選択できるものではない。それは選択するものというより、努力して得るものであり、個人間に差がでるのは避けられない。配分が考慮されなければならないのも、教育の機会の方であって教育の結果ではない。仮に教育の結果が平等に配分されることになったとすれば、それこそおかしなことになろう。もっとも、学校歴が職業選抜を条件づけているわが国のばあい、教育の機会の選択が、そのまま教育の結果の選択をも意味してしまっている。日本の高校における職業選抜が、一回かぎりの就職試験よりも、学校での日常的な選抜過程のなかで実質的になされているのは特徴的である（苅谷［1991：6章］）。

教育の結果については、競争――ここではコンペティション（追い落とし）という意味ではなく、エミュレーション（張り合い）という意味での競争――にゆだねなければ実が上がらない面がある。教育の機会を得るための競争についても、同じことがいえる。つまりライバルと張り合い、実力を付けた者がその実力に比例して教育の機会を与えられる。これは配分の正義というより交換の正義にあたる。努力して身に付けた《実力》と引き換えに、それと見合う《教育の機会》が与えられる。つまり《実力》と、それと等価な《教育の機会》とが交換される。マルクスの『資本論』の商品交換の定式W—W′を使えば、商品Wと商品W′が等価であれば、交換の正義は成り立つ。ここでWには「実力」を、W′には「教育の機会」を代入して、両者が等価であれば正義——むろん交換の正義——は成り立つ。かくしてわざわざ配分の正義の問題、つまり一つのパイをどうやって分けるのが正義に適っているかという問題をもちだす必要もないようにみえる。

社会の選択

しかし、いうまでもなく問題は等価の保証をどこに求めるかである。WとW′とがどのようなし方で「等価」といえるのかの保証である。ふたたび『資本論』の定式を使えば、マルクスはWとW′のあいだに交換価値G、つまり貨幣を介在させた。そして、W—G、G—W′の二つの定式を合体させてW—G—W′を導いた。二つのまったく性質の異なる商品WとW′は、それぞれの価値をGに置き換えることによってたがいに比較可能となる。そして等価かどうかの計算が成り立つようになる。

Gにたとえば「センター試験（の得点）」を代入すれば、わたしたちの例でも次のような説明が得られるかもしれない。つまり、W（実力）—G（センター試験）—W′（教育の機会）の定式によりWとW′との「等価」性は保証される、と。こうした《実力》と《教育の機会》との交換定式が事実上成り立っていることはみとめざるを得まい。しかし、それをわたしたちは嫌々みとめているだけである。少なくとも、そこに交換の正義が完璧に成り立っているとは信じていない。そこでどうしても、配分の正義の側から交換の正義を補強していかなければならない。

再度繰り返すと、交換の正義は異質なものの「等価」性を前提にしている。それゆえ、交換の正義を維持するには共通の尺度がいる。貨幣やセンター試験はそのための道具であり、それ自体は何かの役に立つものではない。それはただ交換の道具としての価値、つまり交換価値しかもたない。それが目的と化し物神化していることはよく知られていよう。それに対して、配分の正義は異質のものを異質のものとして直視するところから出発する。共通の尺度で量られる価値よりも、たがいに較べられない価値と価値とのあいだで折り合いを付けようとする。それが配分の正義である。

一方には、相当な学力をもち将来この社会にさまざまな利益をもたらしてくれるであろう人材がいる。もう一方には、人びとの手助けを必要とし、介助なしにはやっていけないが、しかしその人がいてくれるからこそ社会から優しさと労りが失われることがない、そういう人材がいる。二つの人材の価値を同じ尺度で較べたらおかしなことになるであろう。この二つの人材に社会は同じ一つのパイ――「教育の機会」というパイ――をどう配分すればよいのか。それは、その配分の結果がやがて社会をどういう社会にしていくか、による。つまり結果の側から考えて配分のあり方を決めていかなければならない。わたしたちは一体どういう社会に生きたいのか。そこから考えて配分が按配される。それこそまさに社会、つまり未来社会の選択である。《教育の選択》は《社会の選択》にまでいきつく問題なのである。

[8] 選択の自由と平等

子どもが入学ないし進学していく学校を、親が自由に選べるようにしていく。このように、教育の領域に自己選択――とともに、とうぜん自己責任も――の原理をシステムとして組み込む試みが近年さまざまな国で企てられている。これまでも、アセンブリーへの参加などのように親の選択にゆだねられてきたものもある。そうした宗教色の濃い学校行事には、子どもを出席させない（ウィズドゥロー）こともイギリスでは親の権利としてみとめられている。しかし今もっとも議論をよんでいるのは学校そのものの選択である。

通学校の割当制から選択制への切り替えを、義務教育段階の公立校でも実施していく。それは教育改革の一環として、特に教育の質を改善していく方策の一つとして日本の行政当局によっても検討されている。選択の自由度の広がりは、教育の供給を受ける側にとっても望まれるところであろう。しかし問題になるのは、選択の自由度の拡大が教育の社会的ないとなみにどのような変化をもたらしていくのか、ということである。たとえば質やレヴェルの格差をふくめて、教育の機会の配分に不公平が拡がっていくことはないであろうか。そういう疑いが今のところまだ払拭されてはいない。そのために、選択制の導入に対して積極論ばかりでなく慎重論もまた根強く残っている。選択制の導入をみとめる論者のあいだでも、理由づけはいろいろと異なっており、導入の是非をめぐる論議を分かりづらくしている。選択制を正当化していく根拠にまで溯らなければ対立の構図はみえてこないのである。

以下で考察の素材として取り上げていくのは、「多様性と選択」(ダイヴァーシティー・アンド・チョイス)をめぐりイギリスの教育学者のあいだで交わされた論争である。一方の当事者は、「修正リベラリズムの立場」から選択制の導入に積極的なデイヴィッド・H・ハーグリーブズ(オックスフォード大学)である。もう一方は、ハーグリーブズに対抗して「もう一つの立場」から選択制の導入に慎重なジェオフリー・ウォルフォード(ケンブリッジ大学)である。二人の応酬は、『オックスフォード教育評論』の第二二巻二号(一九九六年)にあわせて四編の論文となって収められている(Hargreaves [1996a, 1996b] Walford [1996a, 1996b])。ここでの論争は、選択制の導入が教育改革の方策として有効か否かの政策論争というよりも、教育選択に対する個人の《自由》とそれの《平等》な保障をどのように両立させていくかという原理論争であった。この意味では、リベラリズムの立場の根幹に関わる哲学的な議論をふくんでいる。

まずは選択制の導入をめぐる両者のスタンスの相異をみていくことにしよう。その上で、社会の現状認識の相異がどのように関与しているかを明らかにしていくことにしたい。とりわけて、ハーグリーブズ――少なくとも一九八〇年代の半ばまでは、すべての生徒が同じ学校で教育を受ける「総合制の中等学校」を擁護し、それの理論的支柱を据えた中心的な人物の一人であったハーグリーブズ(Hargreaves [1982] ILEA [1984])――が、十数年をへた九〇年代半ばに、この論争でなぜ選択制の積極的な推進者の側に立つことになったのかを、社会の現状認識の変化からみていくことにしたい。

[9] 選択制導入の積極論

選択のコモンセンス

ハーグリーブズは、選択はできないよりもできた方がよい、選択肢は少ないよりも多様である方がよいという——リベラリズムの立場からすれば——疑いの余地のない見解から議論をはじめている。この見解が拠っている立場をハーグリーブズは「コモンセンスのリベラリズム」と呼んでいる(Hargreaves [1996a : 133])。すべてのコモンセンスがそうであるように、コモンセンスのリベラリズムも文脈を特定してはいない。つまり「他の事情が等しいならば」という条件付きで成り立つ一般論である。この《平等》条件を留保した上で、ハーグリーブズは「多様性と選択」をそれ自体としては善きものとみなしている。その傍証として、親による教育選択をユニバーサルな権利と規定した国連の人権宣言を引いている。「多様性と選択」はそれ自体としては擁護されるべき原理であり、仮にこれをめぐり議論が吹きだすことがあるとしても、問題の根源は文脈の方にこそ求められるべきである。そのように考えるハーグリーブズにとって、教育の分野に選択原理を導入することは、《平等》条件さえ確保されていればそれ自体は問題にすべきことではない。むしろ問題なのは、

「総合性の理念」という《平等》条件を優先させて、選択原理の導入に頭から反対しつづける論者が今なおいることである。この反対者の立場をハーグリーブズは「反リベラリズムの立場」と呼んでいる。

この命名は、一九八〇年代までのハーグリーブズの立場を知る者からすれば興味深いところであろう。というのは、ハーグリーブズは、かつては総合制の教育こそがリベラリズムの立場からみて正当な帰結であると考えており、それは多くの人びとのコモンセンスでもあると確信していたはずであるが、今回の論文では一転して、総合制の教育に「反リベラリズム」の烙印を捺しているからである。入れかわって、「リベラリズム」の名に叙せられたのは選択制の教育の方であった。今やハーグリーブズは、「多様性と選択」を反リベラリズムの総合制支持者の攻撃から擁護していく立場に身を置いたのである。新たな陣地の構築は、一般論・常識論としてのコモンセンスのリベラリズムを、「他の事情が等しいならば」という《平等》条件を超えて、現実の文脈のなかでも正当化される立場に鍛え上げていくことである。この作業を、ハーグリーブズは学校の現状に対する人びとの不満の分析からはじめている。

選択制の導入

人びとは、区域内の公立校や総合制の中等学校にもはや満足してはいない。満足のできる学校を求めて、居住地を移したり、子どもを私立校に入学させたりして余分のコストを支払っている。それほどのことをしなければ、自分の子どものために最良の教育を確保することが難しくなっているのである。その結果、生徒数が過密になる学校がでてきてる一方では、区域内では、生徒数が減少して教育機関として立ち行かなくなっている学校もでてきている。そこで焦眉の課題は、区域内の学校――それは日本の通学区域制のように一校区に一校のみが対応しているというわけではなく、区域内（キャッチメント・エリア）には複数の学校が存在している――を、親たちの期待に応えられる質の高い学校（ハイクオリティー・スクール）にしていくことである。学校の選択制の導入はそのために推進されている方策である、とハーグリーブズは期待している。

自分の子どもを通わせたいと思う質の高い学校が区域内には見当たらない。それでも、居住地を移したり私立校に子どもを通わせたりする余裕のない人びとは、区域内に少しでもましな学校をみつける以外に救いはない。そうした消極的な選択を強いるような現状をつくりだしてしまったのは、教育の質（クオリティー）よりも機会の平等（イクオリティー）の方を重要視してきた反リベラリズムのポリシーの結果である、とハーグリーブズはみなしている。選択制の導入はそれを打開していく方策として期待されている。しかしハーグリーブズは、区域内に質の高い学校がなく、次善の学校で満足せざるを得ないという現状を固定したまま選択制を導入していけば、学校の篩い分けにはなるとしても学校の質的向上には結び付かないとみなして、次のような事前の措置を要請している。つまり、同じ区域内の学校のあいだに親による選択の結果登録生徒数に顕著な差が現われたとき、まず最初の処置として、不人気の学校に対し他の学校と等しい教育効果を挙げていくことができるように、教員の配備、設備面の整備、指導法の改善などで国の援助と視察を積極的に要請すべきである、というのである。学校間の格差をうめる努力を、ハードとソフトの両面から国の後押しで最大限図っていく。その後ふたたび親の選択を受けることになるが、それでも登録生徒数に改善がみられないときには、閉鎖措置をふくめて学校間の競争にゆだねられていくことになる。

修正リベラリズム

《平等》化に向けての国による干渉を大幅にみとめた上で、最終的には人びとの《自由》な選択にゆだねていく。事前の措置として国の干渉を要請していくこうした選択制を、ハーグリーブズは「修正リベラリズムの立場」の名のもとで正当化していくのである。ハーグリーブズは次のようにいっている。「予防的措置と干渉を施しておけば、多様性と選択の有害な副作用を改善していくことにもなるであろう。そうした干渉が充分よく試され、干渉の評価を見据えた上で予防的措置を講じていくならば、選択のために支払うコストの方がそこから得られる利益よりも上回るという結論には決してならないはずである。多様性と選択に反証するような事例は今のところイギリスではだされていない。多様性と選択を排除する方が正しいという証明もなされてはいない」と（Hargreaves［1996a : 136］）。

[10]　選択制導入の消極論

社会的統合と分断

一方のウォルフォードも、区域内の学校の質的向上が急務であることをみとめている。そのために選択制の導入が必要視されていることもみとめている。ただウォルフォードは、ハーグリーブズのように国による干渉を積極的に求めていくことはしない。心身の障害や家庭環境などの特別な理由で教育の機会を奪われている子どもがいたばあいにのみ、国は干渉していけばよいのである。要するに国の役割は教育の補償であって、教育の質の向上ではないのである。教育の質的向上を図っていくには、教育の受益者の声を反映させる装置をつくっていくことが何よりも必要である。問題はその装置をどのようにしてつくるかであるが、その一つとして学校の選択制がある。

しかし、ウォルフォードが何より避けようとするのは、選択制の導入によって社会的な統合（インテグレイション）が崩れて分断（セグリゲイション）がすすんでしまうことである。自分の子どもにより善い教育を選択していこうとするのは親として自然の願いである。しかしその願いは、区域内の学校のあいだに差異化を促し、総合制の学校を解体していく動因にもなりかねない。多くの親に選択されて収容可能生徒数を超過する学校がでてくれば、生徒の選抜——しかも「能力による選抜」——をせざるを得なくなり、選抜から外れた生徒を他の学校が順送りで収容していかなければならない。その結果として、同じ程度の能力の生徒どうしで学校が構成されていき、区域内に学校の序列化（ハイアラーキー）がすすむことになる。それは社会的分断を固定化していくことにもつながる。

ランダムな選抜

そこでウォルフォードは、区域内のすべての学校の改善に親たちの関心を向けさせることが重要である、と主張する。自分の子どもがどの学校に入ることになっても不満がでてこないような状況を、区域内全体につくりだしていこうというのである。そういう状況をつくりだした上で、仮に収容可能生徒数を超過する学校がでてきたときには、能力による選抜ではなく「ランダムな選抜」によって子どもの入学先を決めていく。そのようにしていけば無益な学校探しの弊害も避けられる。選抜の最終的な決定を偶然にまかせておくような仕組みにしておけば、親はすべての学校の質的向上に関心を払わざるを得なくなるのである。ウォルフォードが強調するのは選抜のさいのこの不確定性（アンサータンティー）であった。ウォルフォードは次のようにいっている。

「自分の子どもの学校教育に関心を払う親たちの願いは正当なものである。しかしその願いは、すべての子どもたちのために質の高い教育を求めていくように差し向けられていく必要がある。このことがもっともよくなされるのは、選択がなされる過程を透明にしておくことである。そして収容定員を超過した学校のためには、公平で分かりやすい、片寄りのない選抜を用意しておくことである。……ランダムな選抜は不確定性を導き入れることになる。そのため学齢期の子どもを有する親たちは、自分自身の子どもの学校教育だけに最大の努力を傾けるよりも、すべての子どものために質の高い学校を求めて働きかけていかなければならなくなるのである。」（Walford［1996a：152f.］傍点は原著者による強調）。

［11］　選択と社会的不平等

学校の質的改善

ハーグリーブズとウォルフォードの論点の相異を取りだせば次のようになるであろう。まずハーグリーブズの議論に従えば、選択制の導入を正当化するには、国からの干渉によってできるだけ《平等》な教育環境を調えていき、その上で《自由》な選択を促していくことが重要である。その結果として、多くの人に選択された学校とそうならなかった学校とのあいだに差が生まれたとしても、それは正当化される。ばあいによれば、閉鎖される――自然消滅を待つというよりも、一定の閾値を超えたときには閉鎖処分の決定が公式に下される――学校がでてくるのもみとめられることになる。「善くない学校は市場の圧力を通して死んでいくというよりも、殺されてしかるべきである」といいながらハーグリーブズは市場原理の投入には警戒し、公的基準による予防的効果に期待している（Hargreaves［1996a：135］）。国による《平等》化への干渉を前提にしつつも、ハーグリーブズの力点は《自由》な選択によって学校の自主努力を促すことの方に置かれていた。それに対してウォルフォードの議論では、親による《自由》な選択の結果、志望者が集中する学校から他の学校に回される生徒がでてくることを想定して、すべての学校をできるだけ《平等》な学校にしていくように親たちの働きかけを促していくことに強調点が置かれている。そのように《平等》な学校づくりに共同で携わらせていけば、たとえ子どもたちが別々の学校に通うことになっても社会が分断されていくことは避けられるであろう、とウォルフォードは考えたのである。

二人の議論は、どちらも区域内の学校の質的向上を目指している。この点では両者の強調点の相異はたんに戦略の相異にすぎないようにみえるかもしれない。しかし、ハーグリーブズとウォルフォードがそれぞれ社会の現状をどのように認識していたのかをみていくならば、両者の相異がたんに戦略の相異だけに解消できるものでないことが分かる。

個人の願いと社会の必要

ウォルフォードは次のようにいっている。「わたしたちは多文化的、多人種的な社会に生きている。わたしが信じるところによれば、この社会に子どもたちが民主主義のしかたで完全に参加していくことを可能にし、促進していくような学校教育を国は供給すべきなのである。ハーグリーブズは学校間の多様性を促進することにバイアスを懸けているが、わたしがバイアスを懸けていくのは、現代社会の異なる集団のあいだの社会的な相互作用と相互理解を育てていくようにすべての学校を促していくことに対してである。」（Walford [1996a：150]）こうした社会全体の見地から必要とされることを、親たちが自分の子どものために配慮していることに結び合わせていくことが今重要なのである、とウォルフォードはみている。「個人の願いと、社会の必要、すなわち学校をエリート主義にも分断主義にも絶対にしてはならないという社会の必要とのあいだにバランスを取っていくことが必要」なのである（Walford [1996a：152]）。このバランスが社会の必要の側から崩されていき、個人の願いにカウンターバランスが取れなくなってきている。それがウォルフォードにとっては問題なのである。この問題を象徴する出来事として、ウォルフォードは現在政権の座についている労働党ブレア首相が、子息の通う学校を区域内の公立校からは選ばずに、ロンドン郊外の私立校に――しかも選抜を通して――入学させた事例を挙げている。労働党の中道路線は、長年の教育政策の機軸であった「総合性の理念」をみずから――個人の願いの側から――骨抜きにしているのである。

ここで想起されるのは、かつてサッチャー保守党内閣の文部大臣で、「一九八八年教育改革法」の立案者であったケニス・ベーカーが子息を名門私立校に通わせていたことである。一九八七年の総選挙で、野党の労働党はこれを「公立校（ステイト・スクール）の軽視」の表われとしてネガティヴ・キャンペーンを張っていた。しかし、現在の労働党（いわゆるニュー・レイバー）は――少なくとも党首ブレアは――もはや保守党による総合制批判に反撃していく資格を失っている。このように、保守党、労働党を問わず個人の願いにプライオリティーを与えていく現時点において、なお総合制を擁護していこうとするならば、ウォルフォードの議論がそうであるように政治的な対立を超えて社会のいっそう根源的な対立に目を向けていかざるを得ないのである。

「本物の多様性」

ウォルフォードは現在の社会を「多文化的、多人種的な社会」「多元的、多人種的国家」(Walford [1996a : 150, 151]) と繰り返し規定している。ウォルフォードが多文化教育を重要視し、「すべての親」に「すべての学校」の改革への参加を促しているのも、社会が人種的マイノリティーをふくんで成り立っており、また成り立っていかなければならないとみているからである。文化的、人種的多元性が社会的分断をもたらすのを食い止めるためには、《平等》な学校づくりが必要——社会的に必要——だったのである。少なくとも、社会の側から個人の願いの側にプライオリティーを与えていくようなシステムをつくっていくのは、自滅行為にも等しかったのである。

しかしウォルフォードは、「文化的、人種的多元性」の名のもとで、子どもの教育に懸ける親たちの個人の願いの多様性をも包摂している。親たちの願いの多様性は、文化と文化、人種と人種のあいだにももちろんみられるが、それだけではなく、それぞれの文化や人種の内部にも——とりわけて人種的マジョリティーであるホワイト・ブリティッシュのあいだにこそ——それはいっそう顕著に拡がっているはずである。この個人間の多様性は、一概に文化間、人種間の多元性と同種のものに還元していくことができない。個人間の多様性には私的、内面的、心理的な要因が絡んでいる。

能力、適性、個性などの差異化因子がそれであるが、個人が本来的に所有するこの「かけがえのなさ」に独自の価値づけをしていかないため、ウォルフォードの議論は――ハーグリーブズの規定に従えば――「反リベラリズムの立場」に属するものになっている。多様性（ダイヴァーシティー）は人びとが本当に求めている価値といえるであろうか。このことを疑いながら、ウォルフォードは次のようにいっている。「本物の多様性に対する需要などは現実にはほとんど存在していない。選択に対しては多様性が『自然の』組み合わせであるというようなことはなく、選択と実際に組み合わされているのは選抜であり、供給の不平等である」と（Walford［1996b：159］）。選択と多様性との「自然の」組み合わせをみとめず、むしろ選択と選抜、選択と不平等との組み合わせに現実性をみて、それにウォルフォードの批判は向けられていく。こうしたスタンスを採るのは、多様性が現実には平等と不平等とのあいだの多様性に外ならず、社会的分断への道標となっているとみるからである。

［12］　総合制から選択制へ

共同体への志向

親たちの願いの多様性に価値をみとめず、「すべての親」に「すべての学校」の改革への参加を要求するウォルフォード。そのウォルフォードは、ハーグリーブズからすれば結局のところ親たちに選択の機会を与えていないのと同じことである。どの学校を選んでも同じこと（インターチェンジャブル）ならば、学校選択に特別の価値がなくなるからである（Hargreaves［1996b：156］）。つまりウォルフォードの議論は、総合制擁護の蒸し返しにすぎないのである。それでは、かつて総合制擁護論者であったハーグリーブズはなぜ選択制論者に変わっていったのであろうか。

教育社会学者のハーグリーブズは、学校の内部で生徒が相互にどのような人間関係を結び、どのようにアイデンティティーを獲得していくかを研究の主題としてきた（Hargreaves［1967］宮寺［1974］）。一九八〇年代になってからも、徹底した《平等》主義の教育の実施で知られたインナー・ロンドンの教育当局（ＩＬＥＡ）に委嘱されて、『中等学校の改善』（一九八四年）をまとめている。この『ハーグリーブズ報告』として名高い調査報告では、生徒の低学力（アンダーアチーブメント）問題に取り組み、能力別の学校・学級編成よりもむしろ総合制の教育によってこそ生徒の学力の基盤が養われることを明らかにしている。『報告』はこう指摘している。「非競争的で非分断的な編成で教えられている生徒は、高い帰属意識と、自分は人から評価されているのだという意識をもつであろう。それが低学力を食い止めるのに役立ち、すべての生徒の学力水準を引き上げるのにも役立っていくのである。」（ILEA［1984：41］）

こうした総合制の教育を擁護するハーグリーブズの見解は、ベストセラー『総合制学校のための挑戦――文化とカリキュラムと共同体――』（一九八二年）に集約されている。そこでハーグリーブズが問題にしたのは、「個人主義の文化」の蔓延の結果中等教育のカリキュラムが二つに引き裂かれ、エリート用の学校と労働階層用の学校とが分断されて共同体が衰退していることであった。総合制の中等学校はその分断を解消していくために創出された制度で、ハーグリーブズはこれを擁護している。「今世紀の残りの十数年から来世紀のはじめの数十年にかけて、総合制の学校の明白で確実な未来がもたらされるとすれば、それはわたしたちが合意された目的とそれを実現するための目標を設定し、次のような以前からの問題に真剣に取り組んでいくばあいにのみである。すなわちその問題とは、わたしたちはどういう種類の社会を望んでいるのか、その社会を実現するのに教育制度はどのような役割をはたしていくのか、という問題である。」（Hargreaves［1982：161］）

ハーグリーブズが見通した通り、旧世紀から新世紀への転換期に何より問われなければならないのは、「わたしたちはどういう種類の社会を望んでいるのか」ということである。ただし、この見通しが述べられた当時ハーグリーブズの眼前にあったのは、エリート校に子どもを入れていく人びとと、そういうことを考える余裕のない人びととのあいだで階層が分断してしまっている社会であった。それゆえ「望まれる社会」は、階層の分断を乗り越える「共同体」（コミュニティー）でなければならなかった。そうした社会認識が一九八二年の著書では示されていたのである。

多元性の擁護

しかし、世紀の転換期に位置するウォルフォードとの論争（一九九六年）では、ハーグリーブズは共同体の再建を「望まれる社会」とはみなしていかなくなる。というのは、現代の社会はもはや

「集合的な利益」（コレクティヴ・インタレスト）の共有によって維持されるような共同体ではなくなっているからである。現代の社会は、階層対立を超えて多元的社会になってしまっているのである。多元的社会の枠組みは、集合的利益の共有によって維持されるものではなく、敢えてそのようにしていくとすれば、かえって多様で多元的な生き方がゆるされなくなり、集合的利益に反することにもなってしまう。そこでハーグリーブズは次のようにいう。「パラドックスのようであるが、左派系の反リベラリズムの立場はわたしたちを集合的利益に導いてはくれそうにない。反対に、多様性と選択は右派系の論者によっても支持されているが、修正リベラリズムの立場の範囲内でなされる限りは、それこそが現代の多元的社会のなかでいっそう効率よく集合的利益にわたしたちを導いていってくれる。」（Hargreaves［1996a：139］）社会が等質社会から混成社会になっていき、一元的なコミュニティー社会というより多元的なサブ・コミュニティー社会になってきているのが現代社会である。そういう現代社会では、コミュニティーへの統合よりも、それぞれのサブ・コミュニティーの自律こそが「望ましい社会」の指標となるのである。ハーグリーブズはウォルフォードへの反論のなかで次のように書いている。

「ウォルフォードとわたしは、人種差別主義から自由な多元的社会という目標を共有している。ウォルフォードがおそれているのは、単一の人種集団だけが通う学校が社会的統合を減退させていくであろうということである。もしかすると、そのようになるかもしれない。しかし、既にほとんどの学校がほぼ単一の人種集団——つまり生粋のホワイト集団——だけが通う学校ではないか。人種的、宗教的マイノリティーも、自分たちの文化を保存するために、各自の学校を所有する可能性を留保されてしかるべきである。相互理解は、それぞれの学校で共通になされる公民教育を通して教えられていけばよいことである。このように、ウォルフォードとわたしとの細かな相異点を取りだす理由は次の点にある。すなわち、リベラリズムの立場からすれば、ウォルフォードはかれが公共的に善（コモン・グッド）と考えていることへの集団的・社会的エンジニアリングの祭壇の上で、個人の親の利益と願いを生け贄にしていくことにあまりに性急でありすぎているという理由からである。」（Hargreaves［1996b：156］）

［13］　配分のメガニズム

現代社会は文化、人種、宗教などの面で多元化してきている。この点についてはハーグリーブズ、ウォルフォードはともに認識を共有していた。見解が分かれたのは、個人の価値観、とりわけて子どもの学校教育に対する親の願いの根底にある価値観の多様性についてである。この多様性を、人種や宗教などの多元性と同列に置くならば、親の願いのあいだの食い違いは画一化され、もはや修正や調整が不可能なものとなる。しかし実際にはそういうことはない。親の個人的な願いはおたがいに干渉し合い、限定し合っているからである。教育の社会的配分は、各自の願いに応じてその分だけ配分されるというわけにはいかないのである。この意味では、教育は水や空気のように享受者の相互的な不排除の要件を充たしておらず、「公共財」（パブリック・グッズ）そのものとはいえない。通説に従えば、「公共財」と呼び得る社会的な財は、①それを供給する者たち相互のあいだでの「非競合性」（ノンライバル・イン・サプライ）と、②それを享受する者たち相互のあいだでの「非排除性」（ノンイクスクルージョン）の二点で特徴づけられる（Mueller［1997：27f.］）。この規定に則れば、図書館の本や水道の水は今なお「公共財」であるが、義務教育段階の公教育をふくめて、学校を通して供給される教育は、しだいに「公共財」の典型とはいえなくなってきている。この意味で、教育はむしろ社会的にみて「稀少財」に属している。それゆえにこそ配分の問題が本質的にからんでくるのである。

この配分もまた、ハーグリーブズは個人の選択にゆだねていこうとする。誰かに集団的・社会的エンジニアリングをゆだねていくわけにはいかない、とするハーグリーブズの反論は明快であるが、それでは《自由》な選択がそのなかでなされていく社会の枠組みはどのようにして持ち堪えられていくのであろうか。そのことに対して、教育は責任を分有していかなくてもよいのであろうか。「リベラリズム」の名のもとで配分問題を回避することはゆるされないのである。

註

（1）エイミー・ガットマンの「デモクラシー」概念については、第II部・第六章を参照。
（2）ジョセフ・ラズの「卓越主義的リベラリズム」については、第II部・第四章を参照。

第六章　多元的社会の現実化と教育哲学の展開

［1］　はじめに――価値観の多様化

筆者はかつて、リベラリズムの哲学を基調とするイギリスの教育哲学者たちの著書と論文をリヴューして、現代の教育哲学の傾向が一九七〇年代から八〇年代にかけて、分析主義から規範主義へと転換していることを指摘したことがある。新たに登場してきた傾向を「規範的教育哲学」（Normative Philosophy of Education）と名付けて類型化しておいた（Miyadera［1990］宮寺［1997a］）。アメリカをふくめてその後の研究動向をみていくと、間違いなく規範的教育哲学が現代の教育哲学で無視できない潮流をなしていることが分かるが、しかしそれはかならずしも一筋の本流に納まるように定型化していってはいない。

理由はいくつか考えられよう。なかでも主因と考えられるのは、規範的教育哲学の生成を促した価値多元的社会のあまりにも急激な現実化である。それの現実化は、一九九〇年代に入って社会の枠組みをいっそう激しく揺るがしている。人種的マイノリティーによる「公立の分離学校」(セパレイト・ステイトスクール)の設立要求もそうした事例の一つである。この要求は、アメリカでもイギリスでも国の中心的なポリシーとして推進されてきた人種間の統合、とりわけて教育政策の中核に据えられてきた「総合性」(コンプリヘンシヴニス)の理念にある意味で逆行しており、社会の多元化が人びとのあいだの分断の解消や融和の推進を突き抜けてすすんでいることを端的に示している。教育に対する国の責任も、教育の機会を一律に提供することよりも、多様な機会を用意して自己責任による選択を促すことに重心が移ってきている。多様化と多極化に対応せざるを得ない時代に入ってきているのである。

こうしたいわゆる「価値観の多様化」に、社会の枠組みは一体どこまで持ち堪えていくことができるであろうか。この点をめぐって、教育哲学者の対応のしかたにも文字通り多様化がすすんでおり、それぞれの人種の自律性と文化的アイデンティティーを擁護する議論がある一方では、反対に新たな共通価値を探っていったり、「国民であること」(ナショナリティー)の再規定をしていったりするような議論もある。本章では、規範的教育哲学への転換を担ったイギリスの教育哲学者たちのその後——つまり一九九〇年代に入ってから——の研究を追いながら、リベラリズムを基調とする教育哲学の多様な現われ方をみていくことにしたい。まずは規範的教育哲学が生成してくるまでの経緯を振り返ることからはじめることにしよう。

[2]　規範的教育哲学の生成

分析的教育哲学

アメリカ、イギリスを中心とする英語文化圏で「教育哲学」(フィロソフィー・オブ・エデュケーション)と呼ばれる講義が大学で一般化してくるのはだいたい一九五〇年前後からである。その後教育哲学は教育原理や哲学などの講義から区別される自立した講義として標準的なシラバスを調えていき、学科(ディシプリン)としても正規に位置づけられるようになっていくが、このプロセスを強力に推進したのが「分析的教育哲学」(Analytic Philosophy of Education; APE)と呼ばれる独特の教育哲学類型の登場であった。分析的教育哲学は、一九六〇年代と七〇年代には英語文化圏の教育哲学の主流になっている。

分析的教育哲学は、教育のいとなまれ方をめぐる利害の対立や見解の相異を、メタ理論の次元で解消していくことを目指して登場した。現実の教育に関してなされるさまざまな語りを、定義言明、メタファー言明、スローガン言明などに類別し、それぞれの言明に付随する論理的な効果を明るみにだすような研究や、'teach' 'learn' をともなう言明のシンタックスの整理およびそれらの真理性の限定——たとえば'teach that〜'と'know that〜'との真理性の区別——に関わる研究、「教育」「学習」などの主要な教育学言語の意味を概念分析を通して明確にしていくような研究などがその典型である。このようにメタ理論の次元に教育哲学の主題が求められたのは、教育問題に関する現実の対立や不一致が、教育言説の不精確さや教育の本質についての合意の欠如に由来するとみなされたからである。その対立や不一致を「分析」の名のもとで乗り越えようとしたのが分析的教育哲学である。「分析的」（アナリティック）というのは、経験的な認識の多様性を超えて析出される、事柄それ自体に内在的な論理や本質についていわれることである。それはちょうど、分析化学が物質の組成分子の析出に携わるのと類比的である。そうした分析の手法に依拠する教育哲学が、ある種の研究運動——「APE運動」とも呼ばれた——として展開され、多くの教育哲学者を巻き込みながら一九六〇年代と七〇年代のおよそ二〇年間、教育哲学の一大パラダイムを形づくっている。アメリカの教育哲学者イズレエル・シェフラーとイギリスのリチャード・S・ピーターズは、分析の手法を教育哲学の研究にいちはやく適用してみせた点で、運動の主導者とみなされる(1)。

「規範的」立場の必要性

ところが、APE運動を担った教育哲学者のなかから、しだいに分析の手法の有効性に疑いを抱く者がでてくるようになる。「教育の分析的意味」として示される規定も、実は分析者みずからの考え方の表出——いい換えれば、多様な経験的認識の一つ——にすぎないのではないかという疑いである。経験的な認識が分析的な意味として現実の利害対立のコンテクストにもちだされると、分析は思想性をおびてくる。この点が意識されるようになるとともに、一群の教育哲学者たちは、一九八〇年代以降の人種対立が教育にもたらした現実的な教育問題に取り組むなかで、分析的教育哲学の一元的な構想自体の実現不可能性を確信していっている。それにかわる新たな教育哲学類型の担い手たち――そのうちの三人を後節で取り上げる――によれば、教育に関わるさまざまな現実問題を論じていくとき、人びとのあいだに立場の多様性が付きまとうのは必然的で、それは容易に乗り越えられることではない。しかもそれは調停困難な多様性であることがしばしばである。とりわけて宗教や人種などの対立に由来する多様性のばあい、たんなる利害の対立などとは異なり妥協が成り立つ余地は少なく、相互に排除的であることもある。これを事実として受けとめた上で、それぞれの主張の妥当性を正当化理論にまで溯って示し合うこと。それを求めていくのが規範的教育哲学の基本的な戦略であった。

特定の価値観からなされる主張内容――たとえば「女性がサリーで身を包むのは敬神の表われである」――を、価値観を共有する人びとが信じ合うのは自由である。しかし、主張内容の妥当性を価値観を超えて公共の場面でも受け入れさせようとするならば、何らかの客観的な規準に照らして正当性が証明されなければならない。そこで規範的な立場――たとえば「各自の宗教的信念は公共的決定に優先する」など――が必要になるのである。「規範的」(normative) というのは、「規準に照らして (according to *norm*) 評価する」という意味に外ならない。

そうなると当然問題になってくるのは、「その規準はどこに求められるのか」「規準自体はどのようにして正当化されるのか」ということであろう。こうした主題を分析の手法だけで探究していこうとすれば、言語や概念のなかから規準の規準を、さらにまたその規準をと限りなく紡ぎだしていかなければならず、メタ理論の次元で背進していかなければならないことになる。その主題は、もはや教育理論の固有領域だけで解決が得られるものではないのである。それは道徳哲学、社会哲学、政治哲学などの実践哲学の諸分野の対象領域ともつながっており、そうした対象領域間の境界を超えた社会的広がりのなかで教育的価値判断の規準を探っていくところに、規範的教育哲学の基本的なスタンスがあるのである。

英語文化圏で新たな教育哲学類型が現われてきたのには、前述のように社会の多元化ということが深く関わっている。文化的、宗教的、人種的にバックグラウンドを異にする人びとが同じ一つの社会を形成するようになったこと――つまり社会の多文化化、多宗教化、多人種化という意味での「多元化」――や、同じ社会階層に属する人びとのあいだでも、自己責任による選択が課せられるようになったこと――つまり「多極化」――など、現代社会の構成がこれまで以上に小さな単位に分けられ、分極化していっていることが関わっているのである。教育哲学者が取り組むようになったのは、そうした現代社会の多元化・多極化にともなって生じる社会問題としての教育問題である。その問題のなかには、たとえば「個人の自由な選択意志と矛盾することなく、統一的な必修カリキュラムを編成していくことができるか」とか、「教育機会の供給について、自由と平等のどちらにプライオリティを置いて地域の教育方針を立てていくべきか」とか、「中等教育以降の教育について、教育機会の配分はどのようにしていくのが公平か（たとえばアファーマティヴ・アクションにもとづく入学定員優遇枠はみとめられるか）」とか、「ムスリムの要求に応えてイスラム学校を公設していく――イギリス国教会の学校がステイトスクールであるように――のはみとめられるべきか」とかといった焦眉の問題がふくまれている。

これらの問題を言語分析・概念分析などの分析の手法だけで解明しようとすれば、限界につきあたるのは明らかであろう。また、それらを学校教育の実務的な問題とみなして、教育方法の開発や学校経営の改善で対処させていくことにも限界が付きまとうであろう。これらの問題の解明と解決のためには、どうしても、人びと――学校関係者だけでなく、社会を構成するすべての人びと――のあいだで価値判断が分かれてしまうような考察にも踏み込まざるを得ない。それにともない、一つひとつの価値判断の正当化を主題としていくような哲学的な考察も必要になってくるのである。しかもそれには、たんに善い／悪いの道徳的判断だけではなく、合理／不合理の倫理的判断、正当／不当の法的判断、支持される／支持されないの政治的判断などさまざまな見地からの価値判断が関わってくる。そのため、かつて一九六〇年代と七〇年代に分析的教育哲学が用意しようとした「教育に固有な論理」と「『教育』の概念」に訴えるような議論のすすめ方では、もはや多様な意見を一点に収束させていくことは不可能なのである。

一九九〇年代の教育哲学

このようにして、一九七〇年代から八〇年代にかけて英語文化圏の教育哲学の潮流は規範的教育哲学にとってかわられていくが、問題はその後一九九〇年代に入ってからの急展開である。その展開はこれまで以上に複雑な要因をふくむものとなっており、一義的な定型のもとでは規定し難くなっている。その理由は、一つにはソーシャリズム体制の崩壊後「社会問題としての教育問題」の解決モデルがあらためて模索されなければならなくなってきており、教育哲学者たちの関心も多方面にわたり拡散していっているからである。それともう一つ、社会が多元化・多極化するなかで社会の枠組みをどのように維持していけるかという問題、とりわけて国の役割をどこまで求めていくかという問題についても、教育哲学者のあいだで見解が分かれてきていることも関わっている。イギリスのばあいでいえば、教育統治の集権化を規定した「一九八八年教育改革法」の成立や、「ナショナル・カリキュラム」の導入といった国の関与の問題が規範的教育哲学者のあいだに異なる対応を喚び起こしている。その多様性を以下では三人の教育哲学者——いずれもロンドン大学の教育学研究所の教育哲学科に所属しているスタッフ——の一九九〇年代にだされた近著のなかで事例研究していくことにしたい。

［3］ パトリシア・ホワイトの公民民主主義と教育哲学

人間的性向への転換

パトリシア・ホワイトは、夫であり同僚でもある後述のジョン・ホワイトとともに、現代イギリス教育哲学を規範主義の方向に導いていった中心人物の一人に挙げられる。パトリシア・ホワイトは近年『公民的な諸徳と公教育――民主主義の社会に市民を教育していくこと――』（*Civic Virtues and Public Schooling : Educating Citizens for a Democrartic Society*, 1996）を出版しているが、近著の基調が一九八〇年代にだされた前著『支配を超えて――政治的教育哲学論――』（*Beyond Domination : an Essay in the Political Philosophy of Education*, 1983）のそれとは大きくずれているのは注目される。前著では、自由・平等・自律などリベラリズムの社会構成原理の教育哲学への適用が主題とされていた。しかし近著では一転して、希望・自信・勇気・自尊・友情・信頼・正直・作法といった人間が身に付けるべき諸性向（ディスポジションズ）の再規定へと主題を移している。「教育哲学」の名のもとで論議されるべき主題が、社会構成原理から人間的性向へと変化しているのである。

主題の変化は何によってもたらされたものであろうか。背景として、二著の出版をはさむ一九九〇年前後の一〇年あまりのあいだに起こった世界史的な転換が関わっているのは確かである。つまり東欧諸国におけるソーシャリズム体制の崩壊である。その結果、フランシス・フクヤマが「歴史の終焉」説で予言したように、リベラル・デモクラシーが世界で唯一存続可能な社会体制となったが、そのためかえって「民主主義の社会（デモクラティック・ソサイアティー）とは一体どういう社会のことをいうのか」の確信が失われかけている。この民主主義社会のアイデンティティー危機の克服を、パトリシア・ホワイトは政治改革の課題としてばかりではなく、現代教育が引き受けなければならない課題として受けとめたのである。民主主義の社会体制は、この体制を維持しつづけていこうとする人びとの性向の涵養なしには持続できないからである。民主主義という政治的な枠組みは、そのなかで生きるすべての人が——たとえ各人はどのような価値観をもって生きていこうと——共通に受け入れなければならない前提であり、その保証としてすべての人びとにあらかじめ一定の資質が内面化されていなければならない。この民主主義の前提を築いていくことが現代教育の課題である、とパトリシア・ホワイトはみたのである。パトリシア・ホワイトは近著の冒頭で、前著の趣旨との相異を次のように述べている。

「民主主義は何か特定の手続き、たとえばしばしばそうであるように、多数者の支配などといった特定の手続きと同一視されてはならない。それがわたしの［前著『支配を超えて』（一九八三年）での］主張であった。どのような所与の状況のもとでも、自由・正義・個人としての自律の尊重といった諸価値を状況の文脈のなかで適切に実現していけば、民主主義は最高度に実現されるであろう、とわたしは主張していたのである。しかしながら、民主主義の諸価値を豊かに実現していく社会体制を構築するのと同じくらいに重要なことがある。そのことを［前著では］認識していなかった。

それは、社会体制は正しい精神を有する市民によって動かされ、用いられなければならないということである。たしかに、市民は民主主義のなかで生きていくために非常に多くの知識と技能を必要としている。しかし市民は、彼らの知識と技能を民主主義的に用いるように性向づけられる必要もまたあるのである。彼らは民主主義への性向づけを必要としているのである。」（White, P.［1996：1］）

「社会的希望」

パトリシア・ホワイトは、たとえば「希望」（ホープ）と呼ばれる人間的な性向について、たんなる私的な願望の実現という個人的な意味の次元を超えて、民主主義社会を維持していく上で人びとに共通に必要とされる「社会的希望」（ソーシャル・ホープ）という新たな意味づけを与えようとしている。パトリシア・ホワイトはこういう。「民主主義において希望をもつということは、公民的な自由の枠組みの範囲内で、個人が自分自身を活かすのを可能にしてくれる価値多元主義のシステムが維持され、発展していくことを願うことである。しかし翻ってこの希望は、民主主義の諸価値が維持するに価するものであるという堅く結び付いた確信が抱かれていることに依存している。」（White, P.［1996：12］）

民主主義の社会における希望とは、個人の自由を公民的な自由という共通の枠組みのなかで維持していこうという希望、つまり価値多元主義に対する希望である。しかしこの希望は、根底においいては「民主主義の諸価値は支持されるべきである」という確信に支えられていなければならない。しかもこの確信自体の合理的な正当化は、もはや社会構成原理——自由・平等・自律などのリベラリズムの社会構成原理——そのもののなかには求められない。それは、一人ひとりの個人のなかにあらかじめ培われておかなければならない性向なのである。そうした性向が前提になければ、民主主義は多様な価値観を抱く人びとのあいだで維持されてはいかない。この性向の涵養という点で、教育が民主主義の維持のためにはたすべき役割は重大である、とパトリシア・ホワイトはみなしたのであった。

シヴィック・デモクラシー

こうした社会的希望の外に、社会的自信、社会的信頼などの「民主主義的な諸性向」——とパトリシア・ホワイトが呼ぶ諸性向——が、近著では次々に取り上げられていっている。旧著との対比で特徴的なのは、近著ではこうした「人間の諸性向の涵養」が「社会構成原理にもとづく社会像の形成」よりも教育の課題として優先しているとみなされていることである。このことが意味することは重大である。その意味は、「民主主義的な諸性向」（デモクラティック・ディスポジションズ）が全体として「公民的な諸徳」（シヴィック・ヴァーチューズ）とも呼び換えられている点にもっともよく表われている。要するにパトリシア・ホワイトが指向する民主主義の実像は、公民的な民主主義、つまりシヴィック・デモクラシーなのである。

よく知られているように、同じように「デモクラシー」について語りながらも、個人の自由を基調として語るばあいと、全体の共和を基調として語るばあいとでは思想的立場がかなりちがっている。その相異は、アメリカの対立する二大政治陣営のリベラルとレプブリカンの対立に照らしても明らかであろう。個人の自由を基調にして「デモクラシー」を語る立場は、たとえばジョン・ロールズの立場に典型的に表われているように、「自由は自由それ自体のためにのみ制限されることがありうる」のであって、自由の制約原理は自由それ自体なのである。それ以外の制約原理、たとえば「全体の福祉」の名目で個人の自由が制限されるのはゆるされない（Rawls [1973：§39, 47]）。社会の中核的な構成原理はあくまでも「個人の自由」とそれの「平等な配分」であって、それを超えて特定の性向を個人にまえもって負荷しておくことは前提にされてはいない。

それに対して全体の共和を基調とする立場からすれば、そうした自由の規制がもはや自由それ自体による自己規制だけにゆだねられないからこそ問題——各地の人種暴動や青少年犯罪などの社会問題——が起こるのであって、それの解決は社会構成原理以外のところに拠りどころを求めていかなければならない。その拠りどころが地域での共同生活や、生活様式の共有にもとづく同族的結合や、友愛の情念などの伝統的な価値である。これらの価値への性向が、自生的な生活環境のなかだけではなく制度としての教育、とりわけて公民教育（シヴィック・エデュケーション）を通して構成員のなかに育てられていくことによって社会は維持されていく。パトリシア・ホワイトの近著での立場はこのシヴィック・デモクラシーに置かれているが、それはかつて彼女が依拠していたロール

ズのリベラル派の民主主義の立場からの離脱を意味している。(2)

転換の理由

ここで問題にしていかなければならないのは、パトリシア・ホワイトが一九九〇年代になって、シヴィック・デモクラシーの見地に立って民主主義的諸性向の涵養を強調していくようになった理由である。その理由は、自由、平等、正義、自律などかつて彼女が旧著(一九八三年)で依拠していたリベラリズムの諸原理が、九〇年代になって社会構成原理としてリアリティーを失ってきたことが関わっている。つまり、ソーシャリズム体制が民主主義社会の歴史的到達モデルとしての意義を失い、それにかわって「価値多元的社会」という現実が社会の理想型として受け入れられるようになったことである。そのとき、パトリシア・ホワイトが教育に託した課題も変わっていったのである。教育の課題は、社会構成原理を媒介にしてあるべき社会像の形成にコミットしていくことよりも、価値多元的社会を民主主義の現実態としてポジティヴに受け入れていくような人間の諸性向を涵養していくことになったのである。この課題をパトリシア・ホワイトは、学校全体の教育的エートスの醸成に結び付く課題――校長ならびに教師にとっての実践的な課題――としても近著では論じていっている。それを通してパトリシア・ホワイトは、教育哲学に新たなリアリティーと実践的有効性をもう一度よび戻そうとしたのであった。

ガットマンの「民主主義的教育」

こうしたパトリシア・ホワイトの到達点を、アメリカの社会哲学者で教育哲学者でもあるエイミー・ガットマンは既に一九八〇年代に先取りしている。リベラリズムと共同体主義（コミュニタリアニズム）とのよく知られた論争に参画していくとき、ガットマンが依拠したのも民主主義という包括的な立場であった。パトリシア・ホワイトの民主主義的諸性向の涵養論の基礎理論を明らかにしていくために、ガットマンの所論にも触れておくことにしよう。

ガットマンによれば、リベラリズムと共同体主義を対立する立場とみていく限り、二つの立場のあいだでは価値観や教育観の共通性が注目されていくことがない。リベラリズムの立場からもっとも価値があるとされるのは、人びとが自由に選択意思をはたらかせる「個人の自由」であり、教育が達成すべき課題とされるのも、人が個人として理性的に思考し正しく判断できるようになることである。それに対して、もう一方の共同体主義の立場からもっとも価値があるものとされるのは「公民としての徳」であり、教育の達成課題とされるのも、社会が最良とする生き方を人びとがみずから選び取るようになることである。リベラリズムと共同体主義は、価値観と教育観においても、このように対比的に類型化されてきた（Gutmann [1993 : 3]）。しかし、リベラリズムと共同体主義がそれぞれ強調する二つの価値――「個人の自由」と「公民としての徳」――はかならずしも二律背反の関係にあるわけではないとガットマンはいう。というのは、ガットマンが擁護する民主主義の立場からすれば、両者の強調点は相互に排除的というより、相互に依存的であるとみなされるからである。

ガットマンは、彼女が提案する「民主主義の教育」の理念を、「社会の意識的な再生産」（コンシャス・ソーシャル・リプロダクション）という言葉で表現していっている（Gutmann［1993：4］）。それが意味することは二面あるが、その第一は、「民主主義の教育」はたんに今ある社会の保持＝複製化を目指すものではなく、社会の恒常的な再構成をこそ目指すものであるということ、そして第二は、「民主主義の教育」は抑圧的な方法よりも、意識に訴える方法をこそ重視するということである。この二重の意味で「民主主義の教育」を「社会の意識的な再生産」として理解していくならば、個人の思考を理性的なものしていくということは、社会全体の進むべき方向を考えさせていくということと内容的には重なる課題になる。また公民としての徳を身に付けさせていくには、個人の判断を抑圧することよりも、むしろそれを前提にしていかなければならない。つまり個人の自由な選択能力を高めていくことと公民としての徳を身に付けさせていくこととは、民主主義の教育において相伴ってなされていかなければならない課題なのである。

このように、ガットマンは「民主主義の教育」という考え方を前面にだすことによって、これまでリベラリズムと共同体主義とのあいだで調整が困難とみられてきた二つの立場を統合してみせようとした。ガットマンにとって民主主義とは、リベラリズムと共同体主義という対立する立場を包み込む枠組みなのである。その枠組みのもとで考えだされた「民主主義の教育」は、個人と社会、自由と徳などのダイコトミーをみずからの成立契機としてそのまま取り込んでいる。要するに、のであった。

「民主主義」の名のもとでガットマンは対立する要因を包括的・統合的にみていく枠組みを示したのであった。

民主主義と多元的社会

こうした多元主義的な「民主主義」理解は、かつてのジョン・デューイの民主主義理解を彷彿させるが、デューイのばあいがそうであったようにガットマンのばあいも、たとえば個人と社会との関係はどこまでもつづく緊張関係のなかでとらえられていくよりも、ある種の予定調和の考え方に沿ってとらえられているのが特徴的である。そうした楽観的なとらえ方ができたのは、民主主義をたんなる一つの立場としてではなく、さまざまな立場を包み込む枠組みとして想定していたからである。[3] 民主主義の現実態としての多元的社会にリベラリズムの社会構成原理を包摂し、「民主主義」の名のもとで価値観の多様化がもたらす社会的危機を乗り越えようとするガットマンの発想は、そのままパトリシア・ホワイトのシヴィック・エデュケーション論にも採り込まれているのである。[4]

[4] グレアム・ヘイドンの価値教授論と教育哲学の現実化

来るべき社会からの転換

一九九〇年を挟んでパトリシア・ホワイトの教育哲学にみられた変化は、同じように教育哲学の規範主義への展開を推進したグレアム・ヘイドンの研究の傾向についても跡付けることができる。

かつてヘイドンは、編著『多元主義の社会への教育――スワン・リポートへの哲学的展望――』(*Education for Pluralist Society: Perspectives on the Swann Report*, 1987)で、来るべき社会を理念的な意味を込めて「多元主義の社会」と呼び、その社会の実現に向けて克服しておかなければならない課題を教育の課題として提示した。それは文化的、人種的、言語的、そして宗教的にもバックグランドを異にする人びとが一緒に同じ一つの社会を形成していくようになったとき、どのようにして人びとのあいだで「価値の共通の枠組み」をみいだしていけるのか、という問題との取り組みであった。このような社会形成への取り組みをヘイドンは教育哲学の課題として引き取ろうとしたのであった。

その際ヘイドンは、どれか特定の一つの立場に依拠することで解決策を得ていこうとする発想が、既に限界に達しているのが現代社会の特徴であるとみていた。そうである以上、さまざまな道徳哲学の立場をたがいに突き合わせていく「集合的な道徳哲学」(コレクティヴ・モラル・フィロソフィー)のみがリアリティーを有する教育哲学であり、社会の枠組みの設定においても、特定の社会システムに完成態を求めて人びとをそこにはめ込んでいくことより、人びとのあいだの折衝(ネゴシエーション)をどこまでも持続していくねばり強い実践の保証こそが、現実的な方策であるとしていた。これは、現代社会がやがて深刻に直面していくことになる枠組み設定の問題への多元主義の立場からの応答であった。特定の価値に共通価値としての優先性を与えていくことよりも、価値観がそのなかで共存していく社会的枠組みの設定という主題に「教育」の名のもとで参画していくことが、教育哲学の課題であるとみなされていた。その限り教育哲学は社会哲学、政治哲学、法哲学などの実践哲学と対象領域が重なり合う研究分野として位置づけられていた。

ところが、その後一〇年をへだてて、ヘイドンは近著『価値について教えること――新論――』(*Teaching about Values: a New Approach*, 1997)で、現に今ある社会を端的に多元的社会であると規定し、その上で、多様な価値と価値観が存在しているこの社会で生きていくために、人びとがたがいの価値観について知識をもち合い、理解し合っていくことが必要であると繰り返し強調するようになる。この必要性を、とりわけて制度としての学校教育の教授課題――たんなる教育課題には止まらず――として具体化していっている。まさに「価値について教えること」が近著の主題となっているのである。ここで注目されるのは、ヘイドンの眼差しが多元主義の社会という来るべき理念的な世界から、多元的社会という現実の世界へと移されていること、そして教育哲学の課題が「教育」の名のもとでの議論から、「教授」(ティーチング)の名のもとでの議論にずらされていることである。この二つの変化は関連している。

多元主義と多元的社会

ヘイドンは、「多元主義の社会」(プルーラリスト・ソサイアティー)と「多元的社会」(プルーラル・ソサイアティー)という二つの用語の意味について近著で次のような整理を提案しているが、このように明快な遣い分けは旧編著ではみられなかったことである。

「社会が多元的（プルーラル）であるかどうか——つまり社会が多様な価値や信念などをふくみもっているかどうか——は事実の問題である。もし望むならば、価値や文化などの多様性を引き合いにだすことによって、今問題になっている多様性の種類を採りだすことができる。しかし、社会が多元主義的（プルーリスト）であるということは、異なる価値や文化などが差別されることなくたがいに並存する権利をもつという見方を、社会が——おそらく実際上、おそらく表向きに、おそらくはただの理想として——採り入れているということである。したがって、ある社会が多元主義的であることなしに多元的であることはあり得るし、……現代世界のほとんどの社会はある程度多元的であるが、その一方完全に多元主義を実現している社会は一つも存在していない。」（Haydon [1997 : 116]）

近著でのヘイドンの関心は、《理想》としての多元主義社会の実現に向けられた教育哲学から転じて、《現実》としての多元的社会に対応していく教育哲学に移されているのである。

「価値を教えること」

近著『価値について教えること』（一九九七年）では、ヘイドンはもはや多元主義の実現を目指す社会の構成原理、つまり社会の枠組みに関わる問題を取り上げることはなくなる。取り上げられていくのは、もっぱら多元的社会の内部で学校教育がはたしていくべき役割、すなわち「価値について教えること」である。そこにおける議論も、もはや「教育」の名のもとでの議論ではなく、「教授」の名のもとでの記述になっている。そのような既成事実を踏まえた実践現場向きの記述によって、教育哲学にアクチュアリティーを与えていこうとしているのであるが、そのアクチュアリティーは、前編著のように、新たな社会の構成原理をめぐる対立と不一致の克服を主題にした政治性をおびたリアルな議論とは、質とレヴェルを異にしている。

多元的社会――多元主義的社会ではなく――において、学校教育がはたさなければならない役割は何なのであろうか。それは多様な種類の知識をひろめ、相互の理解を図ることによって寛容の性向を促進していくことである。ヘイドンは次のようにいっている。「多元的社会での生活に関わりのある知識と理解を促進することは、一つの目的として、寛容を促進するという目的と両立する。……一人ひとりの個人は、それぞれの他者の立場についての知識と理解をもてば、それだけ非寛容に振る舞うことが少なくなるであろう。そういう希望に加えて、さらに人びとをかれら自身の社会の内部で影響力をもつ多様な価値について教育していくことを擁護する議論は、そうした理解が、民主主義的で多元的な社会に市民として参加していく上で必要であることをみとめる議論でもある。」(Haydon [1997 : 141])

ここで「多様な価値について教育していくこと」といわれるときの「教育」は、「教授」と同義であるばかりでなく、「教授」といい換えられた方が文脈の上からもふさわしい。というのは、教授の対象としての価値は社会のなかですでに正当化されている価値であるからである。価値を教えていくさい、どの価値をどのようにして教えるかは問題になり得ても、それがどうして価値とみなされるのかの正当化は既決事項なのである。それが「教授」の名のもとでの教育論の特徴である。ヘイドンが近著で展開したのも、実践的・方法論的な価値教授論であって、そのさい価値の正当化は前提にされているのである。

共有された価値

諸価値の正当化が主題となる「教育」問題から、正当化を前提にした諸価値の「教授」問題へのこうした転換は、多元的社会の既成事実化にもとづく教育哲学の現実への対応であるが、同時にそれは教育哲学の教育実践への応答でもあった。この現実への対応と実践への応答は、ヘイドンの学位論文の主題ともなっている。ヘイドンの学位論文は、イギリス教育哲学会の紀要の特集号（第三三巻、一号、一九九九年三月）の全頁を割いて掲載されている。『諸価値、諸徳、諸暴力——教育と道徳の公共的な理解——』（*Values, Virtues and Violences: Education and the Public Understanding of Morality*）がそれである。ここで繰り返し強調されているのは、殺人など青少年の不法行為が急増してきている社会の現状を直視していくとき、教えられるべき価値の正当化原理を探すことよりも、人びとのあいだで共有されている道徳（シアード・モラリティー）を青少年に教え込んでいくことの方が急務であるということである。問題は、この「共有されている道徳」とはどういうものなのか、それをどのように正当化していくのかであるが、ヘイドンは政府の「学校カリキュラム・アセスメント委員会」のメンバーとしての経験を踏まえて、次のように述べている。「委員会の作業は共通道徳の基本的要素をみつけることであったが、それは公共的に共有される道徳理解が存在しうるという確信への第一歩、そしてその共通理解が、具体的には道徳教育と暴力との周知の方程式を支持してくれるものになるであろうという確信への第一歩である、とわたしはみなしていきたい。」（Haydon［1999：25］）確信の正当化に溯っていくことよりも、確信それ自体から出発していこうとしているのが特徴的である。

［5］ジョン・ホワイトとポスト産業社会への教育哲学

労働の変容と教育目的

次にもう一人、現代イギリス教育哲学の代表者ともいえるジョン・ホワイトの近著を取り上げてみることにしよう(5)。

ジョン・ホワイトが近著『教育と、労働の終焉――労働と学習の新しい哲学――』（*Eudcation and the End of Work: a New Philosophy of Work and Learning*, 1997）で展開してみせたのは、新たな社会のあり方への転換と、それに向けて人の生き方の転換が必要であるということ、そうした転換が歴史的にみて必然化しているということである。すなわち、ジョン・ホワイトによれば、これまで人びとの生き方を支配してきたのは、ピューリタニズムやマルクシズムの影響などもあって、生産労働に携わることを人の神聖な義務とも類的本質ともみなすようなエートスであった。そのエートスを、ホワイトは「労働中心性の仮説」（セントラリティー・オブ・ワーク・アサンプション）と呼んでいる。

しかし、近年の産業構造の変動と絶え間のない技術革新は、大量消費財や情報サーヴィスなどを売り物にする第二次、第三次産業を社会の基幹産業に押し上げてきており、その一方では人が一生のあいだに同じ一つの職業だけで暮していける保証を奪い去っている。その結果、人は自分自身が携わる生産労働以外のところに生きがいをみいだすようになり、そこに善き生＝幸福（ウェル・ビーイング）を追求していくようになってきているとホワイトはみている。人は意義ある生き方の拠りどころを、もはや生計の維持がそれに依存する非自律的な労働（ヘテロノーマス・ワーク）のなかには求めなくなってきている。それ以外のところでなされる自律的な労働（オートノーマス・ワーク）——生計の維持から解放された自己目的的な活動——にこそそれを求めるようになってきている。こうした生き方の拠りどころの移動にともない、教育の目的も、非自律的な労働への徳育面での順化や知育面での準備などといった狭い目的観だけではカヴァーできなくなってきている。教育の目的は、個人の生の充足と、他者への利他的な関心（アルトルイズム）とを同時に育てることを目指す目的観へと拡げられなければならなくなってきている、とホワイトは近著で強調するのである（White, J［1997］）。

このように本書の構想は、マクロ的にみるならば、ポスト産業社会での人の生き方と教育のあり方の先取りを意図したものである。しかし同時にそれはミクロ的にみれば、一九九五年七月に、イギリスの政府行政部局の内部で教育局が教育・雇用局（Department for Education and Employment；DfEE）として合併改組されたことをきっかけに抱かれたものでもある。イギリスでは、すでに長いあいだ大量の不就労若年層の存在が慢性化してしており社会問題となってきていたが、教育・雇用省の新設によって、雇用問題の根本的な解決が教育の課題として取り込まれることになったのである。この新たな教育の課題、つまり教育による雇用問題の解決という課題の設定が、どのような問題性を孕んででいるのか。それを教育哲学の立場から明らかにしようとしたがジョン・ホワイトの近著『教育と、労働の終焉――労働と学習のあたらしい教育哲学――』（一九九七年）である。

労働中心性への懐疑

もっとも、これまでホワイトは、教育的価値の固有性を擁護する伝統的な立場、とりわけて政治的価値や経済的価値に対する教育的価値の領域固有性を擁護するリチャード・S・ピーターズらの立場を一貫して批判してきており、この見地からすれば、雇用問題と教育問題とが一体として扱われること自体は決して問題にすべきことではないであろう。むしろ、現実の社会のなかでいとなまれる外ない教育は、それが現にはたしている社会的な機能を明らかにしていくなかで哲学的な考察の対象となるのである。このことがみとめられるならば、ピーターズの立場も教育を哲学的に論じていく多様な立場の一つとして位置づけられ、この立場だけに超越論的な優先性がみとめられていくわけではないことになるであろう。

それでは、雇用問題と教育問題との一体化はどこに問題性が孕んでいるのであろうか。ホワイトによれば、勤勉性、協調性、使命感などの労働倫理（ワーク・エシックス）を学校での課業を通して順化したり、労働技能の養成を技術教育の振興で図ったりすることで課題に応えようとする発想そのものが問題なのである。そうした労働と教育とを直結する「労働中心性の仮説」こそがまず疑われなければならないのである。

もちろん、どのような社会にも、誰かが担わなければならない苦役に相当する労働があり、また社会全体の存立を支える上で不可欠とみられる労働もある。しかしそれらの多くは、人が自律的にいとなむ労働というにはあまりにも中身が乏しく、それに従事する者にとって、生計の維持のために止むを得ず従事していくだけのものとなっている。すべての労働が程度の差こそあれ多かれ少なかれそうした非自律的な労働としてなされているのは確かで、人はできればそこから逃れたいとも思っている。これをホワイトは歴史的に必然的な傾向とみている。この傾向を押し戻して、今一度生産労働を人の義務とも本質とみなして、社会の下部の経済構造から上部の精神構造までを一貫して立て直していくことはもはや現実的ではなくなっている、とホワイトは考えるのである。そうしたことが必然的であるにもかかわらず、依然として生産労働を中心として社会のあり方が描かれ、人の生き方や倫理などが語られていき、そこから教育の目的論が引きだされてきている。一連のこうした考え方に確信と裏づけを与えてきたのが「労働中心性の仮説」であるとホワイトはみているのである。

たしかに、「労働中心性の仮説」に立てば、将来の社会像やそこでの人の生き方について不確定要素を残したままでも、教育の課題を設定していくことができる。つまり、ひたすら労働に専念していく資質と知識を備えた人材を養成していけばよいことになるであろう。しかし、この「労働中心性の仮説」を疑ってかかるならば、あらためて将来の社会像を描きだし、人の善き生＝幸福を問い直していかなければならなくなる。生産現場と教育機関と家庭とを貫いている労働（ワーク）、すなわち生産現場での労働（プロダクティヴ・ワーク）、学校での労働（スクール・ワーク）、家庭での労働（ホーム・ワーク）というように人の生活圏の全域を貫いている労働に、人間形成的な意義を仮託して教育目的を設定していくということがゆるされる時代が終わろうとしているとホワイトはみなすのである。ポスト産業社会を展望するホワイトからすれば、労働を通しての社会への貢献により人の価値が査定されたり、労働への徳育面、知育面での準備の効率性により教育の価値が評定されたりする時代は過ぎ去ろうとしている。これまでの教育目的論が安易に依拠してきた「労働中心性の仮説」をはずして、将来の社会のあり方と人の生き方を構想し直していくなかで、教育の目的は新たに論じられていくべきである。そこまで徹底して考えていかなければ、「教育哲学」の名に価する考察にはならない、とホワイトはみなすのである。

不就労のための教育

それでは、「労働中心性の仮説」を前提にしない将来の社会像、つまりポスト産業社会での教育と教育目的はどのようにものになるのか。この点に関して、ホワイトは次のようなシナリオを批判していく。

そのシナリオに従えばこうである。すなわち、将来の社会も、何らかの生産労働によって支えられなければ存立できず、したがって教育もこの労働と何らかの関わりをもたざるを得ない。この点では今の社会の現状と大枠では変わりがない。ただすべての人が、そのなかで自律的な活動が保証される労働を定職（ペイド・エンプロイメント）として得ていけるわけではなく、このことが明らかとなってきている以上、「労働中心性の仮説」に一律に従った教育目的論は、いずれは非自律的な労働を稼業とせざるを得ない者に対しては意味のない理論――ばあいによれば切り捨ての理論――でしかなくなってしまう。

そこでこのシナリオでは、労働人口を三つの類型に分け、それぞれについて教育の課題を個別に論じることが現実的であるとみなされていく。その三類型とは、(a)経済活動には直接参加せず、不就労のままでいる層、(b)短期ないしパートタイムでの就労を繰り返していく層、(c)定職を得ていく層である。これまでは、「労働中心性の仮説」を前提にして(c)層のみをターゲットにして教育の目的が考えられてきた。(a)層と(b)層はあってはならない層であり、できるだけそれを消滅させること、いい換えればすべての者を(c)層にしていくことが教育、とりわけて雇用問題の解決を図る教育の課題とされてきた。しかし現実には、すべての労働人口を(c)層に吸収できるほど潤沢な就労体制が整備されてはおらず、若年層の二〇パーセント近くを定職なしの状態にせざるを得ないのがイギリス社会の現状で、この状態が当分つづくことが想定される以上、すべての者を(c)層にしていこうとする教育は結局のところ若年層を激しい競争に追いやるだけである。競争によって(a)層と(b)層が消滅するわけではなく、ただ人が入れ替わるだけである。

それではどうしていったらよいのであろうか。ジョン・ホワイトは何よりも社会の現状をそのまま受け入れていって、「不就労のための教育」（エデュケーション・フォア・アンエンプロイメント）を職業教育のなかに位置づけていくことを提案している。これは逆説的ともとれるシナリオであるが、ホワイトの真意はそうではない。雇用問題と教育問題との一体化は、将来雇用されることがないかもしれない者に対しても責任をはたしていかなければ現実的ではない、というのがホワイトの考え方である。要するに、《あるべき》すがただけを特定して教育を論じていってはならないということである。仮にそのようにしていくとすれば、《あるべき》すがたがすべての者に実現されるまでは、その枠に入ることができない者を排除してしまうことになってしまう。定職だけを人の《あるべき》生き方として特定してはならず、社会がそれをすべての者に保証できる体制にない以上、現状の多様性・流動性をみとめた社会のあり方と人の生き方を考えていく必要がある。教育の目的も、この多様性・流動性を反映したものになる外ない。産業＝勤勉（インダストリー）という経済的にも精神的にも社会の基盤となるものを失ってきている社会——つまりポスト産業＝勤勉社会は——社会の現状（スタトゥス・クオ）から教育のあり方を再検討していかなければならない、とホワイトは

論じていくのである。(6)

ホワイトはポスト産業社会のイメージを、社会の多元化に対応する現実的な枠組みとして示し、そのもとで教育目的論を再構成をしていくことを教育哲学の新たな課題として提起しているのである。

[6] まとめ

以上取り上げた三人のイギリスの教育哲学者の著書で、アメリカをふくめて現代教育哲学の傾向の全般を代表させることはもちろんできない。本章で明らかにすることができたことは限られている。それは、一九九〇年代に入ってからの社会の急激な多元化に、教育哲学者がとまどいながらも多様な対応のしかたをしているということである。仮にその対応のあいだに共通してみられる傾向を指摘するとすれば、それは社会的現実への《変革的な関わり》というよりも、《現実即応の関わり》が目立つようになってきたことであろう。パトリシア・ホワイトのばあいでいえば、公民的資質の涵養による民主主義社会の安定化への指向が、またヘイドンのばあいでいえば、青少年犯罪を未然に防止していくために「共通価値を教えること」の必要性が強調され、ジョン・ホワイトのばあいでいえば、不就労青年層の不可避的な存在を前提にした上で、産業=勤勉(インダストリー)に依存しない善き生が教育目的論の中核にすえられる。

ここで、リベラリズム教育哲学が現代において多様な現われ方をしていることを確認すると同時に、それの変貌・変質もまた確認していかなければならないであろう。

註

（1）分析的教育哲学の「分析」概念については、つぎの拙稿を参照していただきたい。宮寺晃夫「哲学的分析・再論――『教授』の分析を中心に――」杉浦宏編『アメリカ教育哲学の動向』晃洋書房、一九九二年。宮寺晃夫「合理主義の教育理論とピーターズ」原聡介他編著『近代教育思想を読みなおす』新曜社、一九九九年。

（2）日本の思想界では、西部邁氏、佐伯啓思氏などの保守派のリベラリストがシヴィック・デモクラシーの代弁者である。佐伯氏の「シヴィック・リベラリズム」に対する批判については、川本隆史『現代倫理学の冒険――社会理論のネットワーキング――』創文社、一九九五年が展開している。同書一六五頁を参照。

（3）佐藤学氏は、デューイの「自由」と「民主主義」について次のように解釈している。「デューイの『自由』は、国家の権力統制や社会制度の枠組みからの『自由』というよりは、むしろ個人が社会的利益に貢献することを可能にする公共圏に参加する積極的な『自由』を意味していた。自由を希求する闘いをとおして、人は自らの個性となる自己を形成し、民主主義の倫理と公共的な福利を共有する社会を形成すると考えられたのである。」（佐藤［2000：32］）

（4）パトリシア・ホワイトは、日本でおこなった講演「子どもと政治教育」（一九九八年一〇月、京都大学）でも、学校でのシヴィック・エデュケーションの課題と関わって、子どもに「社会的信頼」を教えていくことの必要性を次のように述べている。拙訳全文は『二十一世紀を展望した子どもの人間形成に関する総合的研究』（平成十年度調査研究報告、研究代表・山﨑高哉）財団法人伊藤忠記念財団刊、二〇〇〇年）に収録されている。

「一見すると奇妙に思われるかもしれませんが、社会的信頼は現実には、システムに対する思慮深い不信頼が組み込まれていることによって強められているのです。ルーマンや他の人びとが指摘していますように、市民全員の善き生き方を促進しようとする政治システムは、そのなかに不信頼が保護装置として組み込まれている制度をもたなければなりません。民主主義の社会には、合法的な野党や独立した司法組織や、公共的な関心事についての独立した調査委員会や自由な出版界があります。また教育者たちがその任務をまっとうすればのことですが、政府をその言動よりも行動によって判断する用心深い公衆も、民主主義の社会には存在するのです。

慎重な懐疑主義という意味での不信頼には、二種類があり得ます。つまり原理的な不信頼と手続き的な不信頼です。原理的な不信頼は、システムや制度の目的ないし目標に向けられた不信頼であり、手続き的な不信頼は手段と手続きに向けられた不信頼です。制度というものは、その根本目的が受け入れられているならばたいていの手続き的な不信頼を許容することができますが、原理的な不信頼は強力な破壊力をもっています。政治的教育は、生徒たちを二つの不信頼のどちらにも導いていきますが、そのさいたとえば民主主義のシステムを信頼するための理由づけを検討させたりしていきます。政治的教育はまた、市民が政党や政治家やシステム内の諸制度をどの程度信頼すべきかを判定するために用いる規準を、目的と手続きに焦点を当てて検討するようにもさせます。そのさい用いられる規則と手続きに関して、学校もまた用心深い懐疑の対象になっていくこともあります。

……こうしたことをしていくためには、教師たちは信頼と不信頼ということをより広い政治社会への適用場面において、そしてまた第一段階の学校での実践場面において理解しておく必要があります。教師たちは次のことについてよく考えておく必要があります。まず民主主義の社会での社会的信頼の本性について。そしてまた、学校が子どもたち、あるいは子ども集団に対して示す信頼、あるいは止むを得ざる不信頼について。教師としての信頼の示し方について。生徒たちのあいだに信頼を奨励するし方について。損なわれた個人的ないし制度的な信頼関係を取り戻すし方について。子どもたちが信頼関係を取り戻すのを手助けするし方について。教師はよく考えておく必要があります。これらのことがらに見通しを立て、回避すべき落とし穴をはっきりと見据えておけば、教師たちは民主主義の社会にふさわしい制度的な信頼の条件を確立するように努力していくことができるようになるでしょう。」

(5) ジョン・ホワイトの一九八〇年代までの著書、論文については、拙書でくわしく検討した。参照を乞いたい。宮寺晃夫『現代イギリス教育哲学の展開——多元的社会への教育——』勁草書房、一九九七年、第Ⅲ部「規範的教育哲学の形成」。

(6) ポスト産業社会を視野に入れた労働の教育的意義の変質、そしてそれにともなう教育目的の規定のしなおしの必要について、ジョン・ホワイトは日本での講演でも再論している。つぎの拙訳を参照していただきたい。宮寺晃夫訳・ジョン・ホワイト教授来日講演集「労働、幸福、教育」、筑波大学教育思想研究会『教育と教育思想』第一九集、一九九九年三月。

Ⅲ　教育改革の思想と課題

第一講　改革と計画化の思想

[1]　はじめに

教育とは一体何か。今教育はどうなっているのか。これからの教育はどのようにいとなまれていかなければならないのか。

このように教育の本質や課題について考えていこうとすると、人間と社会についても語っていかなければならない。同じように理想と現実についても、また伝統と変化についても語っていくことになる。それは教育がこれらの対称軸の交点でいとなまれているからである。しかも、どの対称軸についても一方の極から考えていくだけでは不充分である。

もっとも人間と社会が、x軸のプラス極とマイナス極のように一本のリニアーな軸を成しているかどうかは疑われよう。しかし、教育を《人間の学習や発達の可能性》から考えていくことと、《社会の要求や社会のしくみの維持》から考えていくことを対称的な関係に置くと、教育の本質や課題がいっそうはっきりしてくることも確かである。つまり教育は《人間をつくる》一方では、《社会を支えている》のである。特に教育改革の必要が叫ばれる時代には、教育をこの対称軸の両極からみていくことが重要である。

[2]「教育の自由化」をめぐって

教育改革が焦眉の課題となっている時代には、とかく一方の極に傾いた見方がだされがちである。一方の極からの割り切った見方はたしかに分かりやすい。たとえば、かつて一九八〇年代に臨時教育審議会（臨教審）で教育改革の基本的なプランが策定されたとき、「教育の自由化」の名のもとで斬新な改革方針が取りざたされたことがある。教育を授ける側にも、授かる側にも、それぞれできるだけの自由を与えていこう。そうして両者をちょうど生産者と消費者のあいだの自由な取り引きのような関係に置けば、自動車の性能がそうであるように、教育の質も自然によくなっていくであろうというのである。要するに、これは教育の規制緩和の方針であり、さらにいえば教育の民営化に通じる戦略である。この改革方針は文部省サイドにはあまり評判はよくなかったが、その後もこんにちに至るまで教育改革をめぐる論議を背後でリードしてきている。

これをみても分かるように、近年の教育改革——しばしば「第三の教育改革」とも呼ばれる——は、決して学校の内部の事情だけで必要になってきたわけではない。旧世紀から新世紀への替わり目に符節を合わせるかのように、行政・産業・金融・医療・福祉など社会のさまざまな部門でこれまでの運営システムの見直しがなされているが、そうした社会のシステム改革の一環として教育改革もなされようとしているのである。

同じようなことは明治の初期の「第一の教育改革」や、第二次大戦後の「第二の教育改革」でもたしかにみられた。社会の変動期には、教育はいつでも社会の他の部門の改革と連動してなされている。ただ、前の二つの教育改革がどちらかといえば《教育の力による社会の改革》を目指していたのに対して、今回の教育改革は《教育を社会のシステムのなかに組み込んでいく改革》であることに特徴がある。もはや教育改革は教育の方法や内容の改革だけに止まってはいない。この意味で、学校関係者だけに関わりのある改革ではないのである。

それだけに、教育改革の思想はいわゆる教育史上の先人、たとえばペスタロッチやデューイや福沢諭吉らの先人の知恵から汲み取られるだけでは足りない。今問題になっているのは、たとえば「教育を受ける機会や教育のための予算はどのように配分されるのが公平か」というような類いの問題である。これは社会思想、経済思想、政治思想、さらにいえば道徳思想の問題でもある。「教育」ということばで語られる主題は、これらの分野に跨がってきており、複合的な目で教育とその思想をみていくかまえを養っていくことが必要なのである。

そういうことが、現代の教育学の研究でもだんだんと意識されるようになってきている。これまでのように、経済は経済、政治は政治、そして教育は教育というように、それぞれの固有領域を述べ立てていくことが現実味を失ってきている。教育の専門家がつかってきた用語をつらねるだけで、教育の本質を語っていける時代はしだいに過去のものになりつつある。そのように学問の境界線が取り払われていく時代、つまり研究領域のバリアフリーの時代に、あらためて「教育はどのようにいとなまれていくのがよいのか」という問題に広い視野のもとで取り組んでいくことが求められているのである。

[3] オーウェルとハイエク

そこでまず、社会の改革はどのようにすすめられるのがよいのかを広い視野で考えてみることにしよう。

一九八〇年代の終わりから九〇年代にかけて、社会主義国の計画経済が相次いで破綻した。旧ソ連のロシアでは、計画経済にかわって経済システムの自由化が急ピッチですすめられている。それにしても、経済活動の計画的な運営はどうしてうまくいかなかったのであろうか。この疑問に小説家のジョージ・オーウェルと経済学者のフリードリヒ・ハイエクは、すでに五〇年以上も前に答えをだしている。それは社会主義国の経済がまだ順調に発展していた頃のことである。

オーウェルの寓話『動物農場（アニマル・ファーム）』（一九四五年）は、家畜たちが農場主を武力で追放し、自分たちの手で自給自足の共和国をつくっていった話である（オーウェル［1972］）。家畜たちの国家建設は、当初「動物はすべて平等である」という国是を掲げてはじめられた。しかし、そうした理想国家の建設を効率よく推進していくために、計画の立案と実行を受け持つ指導部が置かれ、やがて《ナポレオン》と呼ばれる利口なブタがリーダー格に選出された。《ナポレオン》は自分たちが立てた計画に従って次から次に改革を断行し、家畜たちに仕事を割り振っていった。しかし生産性はいっこうに上がらない。そこで《ナポレオン》たちは近隣の人間の農場主と取り引きをするようになり、ついには家畜たちを売り渡すことにしてしまう。共和国の国是も、いつの間にか「動物はすべて平等である。しかしある動物たちは他の動物たちよりいっそう平等である」と修正されていた、ということである。

オーウェルの寓話の教訓は明快である。理想から導かれる計画は、目指す理想によって正しいものとされる。しかし理想はしだいに形だけの名目となり、一体何のための理想であったのかの問い直しがなされなくなっていく。こうして、計画が先行する社会改革はその計画を実施に移すこと以外には目的がなくなってしまうのである。オーウェルは、理想のみに従う計画的な社会改革の末路を予見していたのである。

ハイエクの洞察はさらにいっそう徹底していた。ハイエクは社会主義国のようなイデオロギーに支えられる国家だけではなく、その当時——それは一九四〇年代である——イギリスのような先進国が目指していた福祉国家についても、「計画化（プランニング）」という発想がいかに危険なものであるかを鋭くついていた（ハイエク［1944（1954）：46ff.］）。

先進国は国の財源を計画的に配分して、福祉事業のような非営利的部門をも全体の負担で支えるようにつとめてきた。しかし、この方針を貫こうとするならば、たとえ自分自身は恩恵に浴さないような人からも、他の人と同じように税の負担を強制していかなければならなくなる。そのため国家の事業を計画的に推進しようとすると、計画の立案と実施を受け持つ強力な指導部が必要になってくる。ハイエクは、福祉国家からも全体主義への危険な道が拓かれていると見抜いていたのである。

［4］ 誰が教育改革をすすめるのか

それではどうすればよいのであろうか。

ハイエクの考えでは、社会を改革しようとするとき計画化の発想に囚われないことが重要なのである。たとえ福祉関連の事業であっても、これを全体の計画のなかに盛り込まずに、できるだけ人びとの自由な個人事業にしておくことである。福祉事業がやり甲斐のあるそして引き合う事業であることがはっきりしていれば、全体の計画のなかに盛り込まなくても、事業者と受益者との自由な関係のなかで充分成り立っていくはずである。そのようにさまざまな事業を民営化していけば、国が全体の負担で計画的に取り組まなければならない事業はそれほど多くはないはずである、とハイエクは確信していた。このハイエクがその後ノーベル経済学賞（一九七四年度）を受けたのは周知の通りである。

旧社会主義国は、計画化の発想の見直しを国家的な規模で今すすめている。しかも、計画的な社会建設からの脱却を、まさに強権をもって推進するという離れわざでである。

旧社会主義国に限らず、高度の経済成長が止まった先進国でも、ハイエクの予言通り国営事業が次々に私企業に切り換えられている。このような公共的な事業の私有化は、「プライヴァタイゼイション（私的分割化）」と呼ばれる。教育も他のさまざまな事業と同じようにできる限りプライヴァタイゼイションされていった方がよいのか。教育は国の計画化の対象から切り離されることにより、かえって質が高まり、改善されていくのであろうか。それとも、教育の質と水準を国の全域で維持していくには、行政府による計画化はいっそう強化されていかなければならないのであろうか。「公教育」という用語が示しているように、教育はやはりこれまでのように公共的な事業としていとなまれていく方がよいのであろうか。

要するに教育改革を担っていくのは誰なのであろうか。この問題に答えをだすには、もう一度原点に戻って教育の本質と課題が《人間をつくる》ことと、《社会を支える》ことの両極から考えられていかなければならないことをしっかり確認しておく必要があるであろう。

第二講　教育とプライヴァタイゼイション

[1]　公営事業の民営化

わたしたちの生活にかかわりの深い公営の事業が、次々に「プライヴァタイゼイション」の名のもとで民営化されている。国有鉄道がそうであったし、かつて「公社」と呼ばれていた事業のいくつかもそうである。公営ではないが、銀行をはじめ金融関連の諸事業も、公的な規制が大幅に緩められている。もはや銀行はどこでも同じという時代ではなくなり、銀行も選ばれる時代になってきている。

そのようななかで郵便と教育の事業は、今のところまだ完全には民営化されていない。だが、

「プライヴァタイゼイション」の名はあからさまには語られてはいないが、これらの分野の事業でも選ばれる時代は確実に迫ってきている。

もっとも、郵便と教育とでは事情が少しちがっている。民営化したばあいのメリットとデメリットが郵便と教育とでは異なるのである。郵便の事業がなかなか民営化に踏み切れないのは、受けられるサーヴィスとそのコストを全国一律にしておくことのメリットが大きいからである。そのメリットは公平さの感覚と結び付いている。同じ区域内に手紙をだすとき、たしかに人は遠方に手紙をだす人の分を肩がわりしている。これは不公平といえば不公平といえるかもしれない。しかし、手紙をだす相手が近くにいる人か遠くにいる人かを偶然的な要因とみなせば、おたがいさまである。この《おたがいさまの感覚》が公平感である。英語でいう equity（エクワティー）の感覚がそれにあたる。

しかし、やがて民営化されていけば、損得の計算が前面にでてくることになるであろう。同じサーヴィスを受けられるなら一円でも安い方がいい。遠方に手紙をだす人の分まで負担したくはない。そうした自分本位の感覚が《おたがいさまの感覚》の公平感を押しのけてしまおう。それは、民営化に踏み切ったあとの電信電話事業をみてもあきらかである。郵便事業の民営化は、人びとのエクワティーの感覚をもっと大きなスケールで崩してしまうであろう。そうしたリスクを覚悟しなければなるまい。

[2] フリードマンと宇沢弘文

だが、郵便事業のばあい予想される事態はまだ単純な方である。それは受けられるサーヴィスが目にみえるものであるからである。一方教育のばあいは、たんにどれだけのサーヴィスがどれだけ安く受けられるか、ということだけでは判断が下せない。受けられるサーヴィスの《善さ》もまた判断規準になる。しかもこの《善さ》の規準、つまり何をもって教育の《善さ》とするかという判断規準は、人びとのあいだで一致点をみいだすのがきわめて難しい。それが、これまで教育の民営化を思い止どまらせてきた一因でもある。

それにもかかわらず、教育の民営化に踏み切ろうとするのであるならば、この《善さ》の規準をも民営化の対象にふくめなければなるまい。そのようにしていくならば、一体どういう事態になるであろうか。

アメリカの経済学者ミルトン・フリードマンは、《善さ》の規準をふくめて、教育のサーヴィスのあり方はサーヴィスを受ける側の選択によって決められるのがよいとした。進学指導をよくやってくれる学校、職業指導をよくやってくれる学校、芸術や芸能のタレントを伸ばしてくれる学校、人間としての幅を養ってくれる学校。これらの学校はそれぞれに《善さ》をもっている。それらのうちどれが一番上の《善さ》かは一概には決められない。それを決めるのは実際にサーヴィスを受ける人、つまり子どもと親である。そうであるから、なおのこと学校はそれぞれ魅力のあるサーヴィスを提供するようにつとめることになる。学校どうしの競い合いが教育のサーヴィスの質的改善につながる、とフリードマンは期待したのである（Freedman & Freedman［1980：chap. 5,6］）。

人びとによって選択されなくなれば、その分野の教育と学校は衰退し、やがて消滅していかなければならないかもしれない。人びとに選択の機会をひろく用意していくことこそが重要で、選択の結果がどういうことになるかはまえもって手を加えることができることではない。フリードマンは、「機会の平等」は充分に尊重されるべきだとしたが、「結果の平等」の方はそうではないと考えたのである。

一方、日本を代表する経済学者の宇沢弘文氏はフリードマンと正反対の主張を述べている。宇沢からすれば、どのような教育が《善い》かは、親の選択や親の選択を見越した学校側の方針で決められてよいことではない。それは当事者だけの遣り取りで決められてよいことではないのである。どのような教育が《善い》かは、水や空気の《善さ》と同様に、同じ社会に生きるすべての人の生命と幸福に関わりのあることがらである。この「すべての人」には、この世にまだ生まれていない将来の人びとのこともふくまれている。教育にとっての《善さ》は、そうしたさまざまな境遇の人びとを当事者にして、慎重に、そして丁寧に決められていかなければならないことなのである。

そこで宇沢氏は、教育を水や空気や医療制度などと同列にならぶ「社会的共通資本（ソーシャル・オーバーヘッド・キャピタル）」——社会の機能が正常にいとなまれるために必要不可欠の経常経費――の一つとみなしている。社会的共通資本は、性急に民営化の対象にしてはならないもので、社会全体の公共財として運用されていかなければならないのである（宇沢［1989：246］）。

宇沢氏はさらに次のようにいっている。「社会的共通資本は、私有が認められず、社会的に管理され、そこから生み出されるサービスは、市場機構を通じてではなく、社会的な基準にしたがって各構成員に供給、分配される」と（宇沢［1989：247］）。しかし、当然予想されるように、この「社会的共通資本」論には、新古典派経済学の側に立つ者でなくても、少なくとも次の三つの疑問が抱かれよう。

(1)どのようなものが、社会的共通資本とみなされるのか。
(2)市場機構でなく、一体何が、いや誰がそれにかわって分配の任にあたるのがよいのか。
(3)分配の社会的な基準とはどういうものをいうのか。

これらの疑問に対する回答は、宇沢氏の次の言葉に表われている。「社会的共通資本の概念は、市民の基本的権利に依存して、その具体的内容が規定される。ある希少資源から生み出されるサービスが市民の基本的権利と密接な関わりをもち、かつ市場的なメカニズムを通じて供給されるとき、社会的正義、実質所得分配の公正、という観点から望ましくない帰結をもたらすときに、その希少資源は社会的共通資本として分類され、社会的に管理されることが望ましくなる。」（宇沢［1989：250f.］）

上述の疑問(1)に対して、宇沢氏は、社会的共通資本はその時代、その社会で「基本的権利」とみなされているものの内実に依存して規定される、と答えるに止まっている。つまり、市民の権利意識が高まるにつれて、社会的共通資本の内実も高度化するというのである。また、疑問⑵、⑶については、結果からの遡及により答えが定まる、と示唆しているのみである。つまり、市場による配分の結果が「社会正義」や「公正」原則に合致しなくなるものが、結果として社会的共通資本になる、というのである。

こうした社会的に管理される財の配分は、ソーシャリズム体制の崩壊後、政治的には批判に晒され、説得力を失ってきている。しかしその一方、継続的な経済発展がのぞめなくなり、安定成長（低成長）に入った一九九〇年代以降、それは公正な社会の創出をめざす理論として、新たなリアリティーを獲得してきている。このように、批判と再評価が交錯するなかで宇沢氏の「社会的共通資本」論や、これに類する再配分論は、なお実効性をもつ原理を提示しているといえるであろうか。さらにいっそう論点を一般化すれば、公正な社会の創出を合計画的に構想する理論は、《ナポレオン》による国家建設の悲劇、いや喜劇や、ソ連の社会主義国家建設の失敗を知っている今、有効であろうか。こうした問題が、公共財としての教育の配分をめぐって今問われている。

[3]　公共財としての教育

「公共財」といういい方は、すこし分かりづらいかもしれない。それは、英語でいえば public

goods（パブリック・グッズ）であり、詳しくいえば《公共的に善い（good）》ものが《公共的な財（goods）》であるということである。それは、個人がプライヴェートに抱いている《善さ》の規準や、自由に処分できる《所有物》とはあり方がちがっている。

この公共財に対して教育はどのような関連があるのであろうか。何よりも教育は、自然や文化や社会制度などの公共財とその扱い方を子どもに伝えていくはたらきである。しかしもちろんそれだけではない。子どもたちを教育していくこと自体が公共的に《善い》ことであり、公共的な《財》なのである。こうした「公共財としての教育」という考え方が、いまプライヴァタイゼイションの波にあらわれているのである。

現代アメリカの社会哲学者アラスデア・マッキンタイヤーの考え方をここで取り上げてみよう。マッキンタイヤーによれば、現代社会では、本来なら公共的なものであるはずの《善さ》の規準や《財》までが、個人のプライヴェートな所有物のように分割されてしまっている。つまり「《善さ》のプライヴァタイゼイション」という事態がさまざまなところで起こっているという（MacIntyre [1990]）。人びとは、それぞれ自分なりの《善さ》の規準を経済的な活動に求めたり、家庭生活の充実に求めたり、精神生活に求めたりなどしている。その反面、どれが公共的にみて一番人間らしい《善さ》かについてはおたがいに問題にできなくなってしまっている。そうした問題を語り合うための共通の土俵がなくなってしまっているからである。

そこでマッキンタイヤーは、人びとの意識を、人はもともと何らかの共同体のなかで生きていたのであり、どのような共同体にもそれぞれ独自の《善さ》と《財》があるということ、そして、人びとの選択や行為が評価を受けるのもこの共同体が有する《善さ》の規準によってであるということに向けようとした。そうした価値評価の規準となるべき共同体が、人びとの前から見失われてしまったのである。それは、人びとが自分の選択や行為の評価を共同体の《善さ》の規準とは関係なしに、自己自身の感覚や感情でするようになってきたからである。この意味での感情主義（エモーショナリズム）をマッキンタイヤーは近代社会に特有の価値観としてきびしく批判したのである（MacIntyre［1981：chap. 3］）。

とはいえマッキンタイヤーのいう共同体は、こんにち何と影の薄い存在になってしまっていることか。それだけに、人びとは「最後に頼れるのは自分自身の感覚や感情である」とみることに充分なれてしまっている。要するに、共同体への帰属意識や共同体が保有する《善さ》の規準をいちいちもちださなくても、生きていけると思うようになってしまっているのである。

［4］　何のための教育改革か

自分の生き方は、自分だけが決めていくことができる。自分の子どもの教育についても、親が自分で選択していくことができることである。つまり、親には教育選択権がある。——このように考えていくのは、それ自体決して間違ってはいないであろう。親に子どもの教育の権限や主体性をもたせることは、地域ぐるみで教育改革を考えていく際に重要なことである。しかし、親の権限は一体どこから与えられるものなのであろうか。それは一人ひとりの親にもともとから与えられているプライヴェートな権利である、と割り切ることもできるかもしれない。しかし権利とはいえ、それは他者の権利を押しのけても主張できるものではないはずである。

教育が民営化されていけば、親の選択の幅が拡がることは確かである。その一方では、親たちの《不》選択によって、ある種の教育と学校が消滅の危機に立たされることにもなる。そしてそれは、少なからぬ子どもたちからかけがえのない教育の機会を奪うことにもなろう。そのきざしは、大都市圏では私立校の繁栄と公立校の空き教室の増加に既にみられることである。

このように、親による選択はたがいに他の親の選択を限定し合う関係にある。しかも、そのことに誰も責任をとる必要を感じることがないのである。それはちょうど、首尾よくわが子が入学試験に合格した親が、うまくいかなかった親に責任をとる必要を感じないのと同じである。

こんにち、子どもの教育は親の利害感情ばかりでなく、子どもの価値の社会的承認とも深く結ばれてきている。「教育は公共財である」という認識は、エクワティーの感覚と同様に現実味と説得力を失ってきており、人びとの自己本位の選択行為に制約を加えていくものではなくなってきている。「教育改革」の名のもとで公的な規制が緩められ、民営化が促されていけば、この傾向はいっそうあらわになっていくであろう。そのようになっていけば、一体何のための教育改革なのかとあらためて問われることになるであろう。

第三講　変わる社会、変わる学校

[1]　変わっていく学校

学校は地域や家庭との連携を図っていかなければならない。そうした声がひときわ高くなってきている。それは、学校での生徒指導が学校だけでは扱い切れないほど広く、また根深い問題であることが分かってきたからである。その一方では、生涯学習の推進者のなかから、学校と社会の結び付きについて、もはや連携では充分ではないという声も聞かれるようになった。学校と社会の結び付きは、連携の時代から「学社融合」の時代に入ったというのである。学校の図書室や理科室などのとなりに地域の学習センターが設けられ、カルチャーセンターや職能訓練施設での講習に学校なみに評価をだし単位を認定していこうという取り組みもはじめられている。これもそうした声の反映である。

このように、学校から社会へ、また社会から学校へと教育のいとなみは拡げられたり、移されたりしている。見方を換えれば、学校はそれだけ教育に対する社会の要求や期待、そして社会の不満が向けられやすいところなのである。教育は学校だけでなされるわけではない、という決まり文句があるが、それでも教育改革となると、これからの学校をどうするかが決まって話題となってくる。

これからの社会のあり方を考えていくと、学校はたしかに変わっていかなければならない。しかし、まいにち学校ではたらいている者にとっては、ありのままの学校と改革への要求や期待とのあいだになお大きな隔たりが感じられるであろう。学校のなかで、日々繰り返される仕事、たとえば児童生徒の出席を管理したり、生徒が起こす事故や問題に対処したり、学担のあいだの意思疎通を図ったり、教材・教具の調達をしたりなどのルーティーン・ワークは、マニュアル通りにこなしていかなければならない。その一方で、これまでの学校のあり方や役割について根本的な見直しがなされている。そういう、いわば船を走らせながら船そのものを骨組みから改造していく作業が、「教育改革」の名のもとですすめられている。改革論議が決着をみるまで、学校をドックのなかで休ませておくなどというようなことはゆるされていない。学校という船は、きょうもまた生き者たちを載せて走っていかなければならない。学校自体が生き者たちの生活の場そのものなのである。

［2］ デューイと学校の改革

アメリカの哲学者で、教育学者でもあったジョン・デューイはこういった。「学習ですか？ たしかに必要でしょうね。けれどもまず生きていくことです。学習はそのなかで、生きることと関わってなされていくことです」と（Dewey［1915：36］）。二〇世紀のはじまりに、世界中の教育改革運動のきっかけをを与えたのはこのデューイの教育思想であった。デューイの言葉は、教育改革の道筋が、《人は生きていかなければならない》というもっとも根本的な真実からはじまっていることを示しててている。要するに生活即教育の道である。

生きていくということには、何にも優先するまったなしの切実さがたしかにある。その生きていくということを、そのまま学校にもち込んだのがデューイである。学校は、もともと読み書きの学習の場所にすぎなかった。その学校を、地域社会と同じように生活の場につくりかえていこうとした。生きていくことと学習することとを同じ次元に置き、生きていくことこそが学習なのではないかとしたのである。デューイがこうした学校のつくり変えをいいだしたのは、すでに一〇〇年も前のことである。それ以来、学校は読み書きの学習だけの場所ではなくなり、人びとが地域社会で生きていく限り誰でもしていること、たとえば暮らし向きを工夫したり、話し合いをしたり、また生活物資をつくりだしたり、交換したり、消費したりすることを学習の課題として取り入れてきた。

それらが、社会科、家庭科、技術科などの教科だけではなく、学級会活動などの教科外活動のもとになっている。学校は、社会のさまざまなはたらきを自分のなかに取り込みカリキュラム化してきた。その結果として、学校はしだいに社会と地続きの場所になってきたのである。

このように学校が社会とつながり、社会と一体化してくると、今度は学校を変えることによって社会を変えることができるのではないか、という考え方が有力になってきた。社会の変化に合わせるだけではなく、学校のあり方を変えることで社会のあり方を変えていくことができる、という考え方である。

[3] 平等化装置としての学校

そういう考え方から、学校が社会から特に期待されたのはどういう役割であったのであろうか。何よりもそれは、平等な社会の実現ということである。学校は、児童生徒を親の身分や門地や人種、そして経済力などで差別することなく受け入れている。学校で平等に教育を受けた人びとが、今度は社会にでていく。この繰り返しによって平等な社会がしだいに実現していくはずであるというシナリオである。それは、人工池の濾過装置のように、水が循環するごとに清浄化されるのとよく似ている。つまり学校は社会の平等化装置であるというのである。アメリカでは、こうした社会改革的な考え方の持ち主は「リベラルズ」と呼ばれている。

リベラルズの考え方が国のポリシーとして採用されるようになるのは一九六〇年代で、民主党のケネディー大統領、ジョンソン大統領のリーダーシップのもとで、特に人種間の不平等の是正が学校の改革を通して図られた。その一つが、人種のあいだで居住地域が分かれている子どもたちを、半分ずつスクール・バスで同じ学校に通わせるという施策である。学校を人工的に人種が混ざり合った場所にするのである。そうすることによって、将来の社会を貧困と差別のない平等な社会にしていこうという企てである。こうした輸送手段を用いたなかば強制的なバス通学制度は「バッスィング」と呼ばれている。これはリベラルズの考え方、つまり《学校を変えることによって社会を変えよう》という考え方にもとづいている。一九六〇年代は、人種差別の撤廃や人権拡張運動などを背景にして、リベラルズが国のポリシーの主導権を握った時代であった。平等な社会の実現がかれらの共通の目標であり、学校の改革はそのための有力な手段とみなされたのである。

[4]　再生産装置としての学校

それでは、学校を変えることによって社会は本当に変わっていったであろうか。一九七〇年代に入ると、さまざまな方面からリベラルズのポリシーの成果にきびしい検証が加えられていった。なかでもサミュエル・ボウルズとハーバート・ギンタスは、デューイの楽観的な考えを引き継ぐリベラルズの企てが社会の改革としては実を結んでいないといいきっている（Bowles & Gintis［1976:

chap. 2]）。

ボウルズらは、六〇年代から七〇年代にかけてアメリカ社会の経済分析をおこなった。その結果、学校をどんなに変えていこうと、社会の貧困層は依然として貧困のままであるし、社会の差別構造もあらたまってはいない、という結論を得ている。それはどうしてなのか。ボウルズらの答えはこうである。《学校を変えることによって社会を変えよう》という考え方がそもそも間違っていたのである。事実はその逆で、《学校は今ある社会の仕組みをそのまま維持していくためにはたらいているにすぎない》というのが真実である、というのである。

ボウルズらは、現実の社会を、一部の裕福なものを頂点とする階層的な社会であるとみている。もちろん、誰がどの階層に属するかは生まれながらに決まっているわけではなく、人びとはチャンスがあるごとに階層のあいだを移動していくが、階層社会というシステム自体は変わらない。つまり人が入れ替わるだけなのである。むしろ学校は人びとの階層移動を活性化していくが、階層社会の仕組みを変えていくことはしない。学校は、階層社会を生産しつづける再生産装置でしかないのである。そうであるからこそ、社会の生産システムを変えることが先決であって、それをしないで学校の改革から手を着けるのは本末転倒である、ということになる。このボウルズらの教育＝再生産論よりさらに徹底した考え方に立つ人びとは、学校を社会の民主的な機関に変えていこうとする企て自体が、支配階層の利益に奉仕するものであるとさえみなしている。このような人びと――そのなかには『頭のなかの歯車』の著者のジョエル・スプリングがいる（スプリング［1998］）――はリヴィジョニストと呼ばれている。

[5] 文化的リテラシー

ボウルズらのいい分は一見してたいへん明快である。社会の仕組みを変えていかなければ学校のあり方も変わらない。このように指摘されてしまえば、マクロ的にはその通りである。しかし、社会の仕組みが根本的にあらたまるまで学校は一体どうすればよいのであろうか。船に載り合わせてしまった者として、それまでのあいだ船をどのように走らせていけばよいのであろうか。学校と社会のあり方について、リベラルズとボウルズらがマクロな構図をめぐって議論をしているあいだにも、実際の学校の現場には、生活と活動の場を期待するよりも、国際的な経済競争に負けない学力水準の向上を期待する声が寄せられてきている。学校をふたたび読み書きの学習の場として立て直そうという声である。その声が一段と高くなってきたのが一九八〇年代以降の特徴的な状況である。

誰でももつべき読み書きの技能のことを英語では「リテラシー」という。この技能を広く解釈して、「文化的リテラシー」といういい方をアメリカの文明批評家のエリック・D・ハーシュがしている。文化的リテラシーとは、社会に蓄積されている知識や技能のうち、人びとが共通に身に付けるべきことがらを指している。いうなれば社会的な一般教養である。ハーシュの考えでは、学校での学習が生活とか活動とかに結び付けられてきたために、アメリカの学校は日本の学校と較べても学力の水準が下がってしまった。こうした事態に対処するため、早急に文化的リテラシーに相当する知識・技能を洗いだして、すべての児童生徒に徹底して教え込んでいくことが必要である。それがこれからの学校の役割であるというのである。さらにハーシュはつぎのように指摘している。「多文化教育はそれ自体としては貴重であることは事実で、わが国の伝統や価値観に対する俯瞰図を提供してくれる。が、いかに賞讃できることであっても、多文化教育を国民教育の主要な中心点としてはならない。アメリカの非文盲的文化を学童たちが習得できるようにする義務をわが国の学校は背負っている。……学校がになっている文化的適応教育の責任こそが最優先されなくてはならぬ基本的な責任なのである。」（ハーシュ［1989：42］）。リベラルズによるの教育改革は、こんにちこのような保守派の側からの攻撃にも晒されているのである。

デューイの時代からこんにちまでおよそ一〇〇年を経て、学校がはたすべき役割は一回転して振りだしに戻っている。それでも変わりがないのは、学校にはいつでも生きた子どもと生きた大人たちがいるということである。マクロな構図をめぐって学校の改革を議論するのも重要であるが、学校で共に生きている子どもと大人たちに日々生きがいと働きがいを与え、不登校、いじめなどの問題行動や不適応行動に対処する体制に対しても細やかな支援を与えていくミクロな方略もまた、なおざりにされてはならない。

第四講　教育の質と個性化

[1]　経済と教育改革

経済の成長率にかつての勢いがなくなり、ゼロ成長、いやこのままだとマイナス成長さえ見込まれる時代になってきた。教育改革をめぐる論議も、それを反映して何年か前のように教育制度の全般を総点検していくような議論はかげをひそめた。それにかわり、現実的で即効性が期待できる方策を探るような議論が主流になってきている。それは日本だけでのことではなく、いくつかの国の教育改革をみても目指すところはだいたい「教育の質の向上」ということに落ち着いてきている。

そのなかにあって国の財政事情が比較的好調なアメリカでは、学級編制の基準、つまり一学級あたりの児童数を一八名に減らして、教育の質を高めていくという積極策が講じられている。そのためには教師の数を増やさなければならない。当然巨額の国家予算を教育費に回さなければならない。

そうした国の責任でまかなわれる公教育の質的向上の外に、アメリカでは親たちの自主的な、というより自衛的な運動も盛んである。それは親たちが自分たちの設立趣意書に沿って学校をつくり、それを公費の援助が受けられる正規の学校にしていくという運動である。これは、おもに人種の混合した公立校の質を懸念する親たちがすすめている運動である。親たちは、子どもの教育の質の向上のためにもはや手を拱いてはいられなくなったのである。この種の学校は、設立認可状をもらった学校という意味で「チャーター・スクール」と呼ばれている。チャーター・スクールを全国的に広めるため、大統領がみずから一九九八年度の年頭教書で助成の方針を打ちだしたのは記憶に新しい。

一方、日本と同じように財政事情にあまり余裕のないイギリスでは、アメリカのような一律の財政負担は打ちだせないでいる。そこで採られているのは、学校と学校のあいだに競争原理をもち込み、教育の質の高さを競わせることである。競争に打ちかち、質の高さが証明された優良校には財源が重点的に配分されていく。そうした傾斜配分によって優良校を育て、反対に質のおもわしくない学校を減らしていくのである。助成金制度をたくみに使ったこうした学校改革の手法は、イギリスで労働党が保守党にかわり政権の座についても大きな変更を加えられることなく受け継がれている。

［2］　教育の質

ここで問題になるのは、「教育の質」とはどういうことを指しているのかということである。教育改革のねらいが、《量》から《質》に絞られてきているときだけに、一度はこうした問いかけをしておく必要があるであろう。

イギリスのばあい、優良校とそうでない学校との質のちがいはかなり割り切ったとらえられ方がされている。児童生徒を対象にして実施される全国統一テストの成績や、上級学校への入学資格者の数などでそれが測られることが多いからである。そのため、教育の質の高さをアピールしようとすれば、学校は児童生徒の成績によって実績を示していかなければならない。イギリスでは通学区域制のしばりがそれほど強くはなく、親たちは実績の上がっている学校を探して、そこに子どもを通わせようとする。志望者が殺到して定員オーバーになれば、初等・中等段階の公立校でも選抜の実施がゆるされることもある。そのようにして、実績のある学校はさらにいっそう実績を上げていき、財源の重点配分に有利にあずかる。学校選択権が親の側に大幅にみとめられていることが、教育の質の向上をもたらしているのである。

このようにして、官と民の両方の思惑が重なり合い、教育の質の向上が図られている。しかしその一方で、イギリスでは学校と学校とのあいだの格差が確実に拡がってきており、毎年閉校に追い込まれる学校が都市部のなかではでてきている。こうした学校間の質の格差を是正しようとしない行政当局に、当然批判も向けられている。実績がなかなか上がらない学校にこそ優秀な教師を集めるべきではないか。すべての学校の質をそろって高めていくような配慮こそがなされるべきではないか。そういう格差是正の公的な施策がどうして講じられようとしないのか、などというのが代表的な批判である。

こういう平等主義の立場からの批判に、反平等主義の立場からすでに反論を試みている論者の一人に、イギリスの哲学者デイヴィッド・クーパーがいる。クーパーは、教育には平等主義はなじまないときっぱり断言している。すべての人を平等に扱うことは政治や経済の世界では理想であるかもしれないが、教育の世界ではかならずしもそうとはいえない。教育の世界で平等を実現しようとすると、どうしても質の低下を招くことになるからである。こういうことが指摘されたのは、一九七〇年代の終わりの労働党政権の時代である。当時の労働党政府は、人種間や地域間の学力格差の原因の究明に乗りだすなど、平等主義のポリシーを色濃く打ちだしていた。それは、保守党のサッチャー政権が登場して教育や福祉関連の予算の削減や、行政改革などのポリシーを強力に打ちだすようになる少し前のことである。

[3]　平等主義のイリュージョン

クーパーは、架空の小国《スコレシア》の学校事情を描いて、「平等主義は幻想（イリュージョン）である」という自説を述べている（Cooper［1980：chap.2］）。《スコレシア》には、北高と南高という二つの高校だけがある。伝統的に、北高には成績の優秀な生徒が選抜されて入り、南高には北高にいけなかった生徒が入ってくる。そういう想定のもとでクーパーの話ははじまる。

この格差を是正するために、《スコレシア》の当局はまず学区制を敷くことを思い付いた。そして、北部地域の生徒は全員北高に、南部地域の生徒も全員南高に入るように線引きをきちんとしようという構想である。しかしそれでも、二つの学校に入ってくる生徒たちのあいだに学力の格差が依然残ることが予測された。それは、北部地域は産業が盛んで、子どもの教育に対する親たちの意識も高いが、一方の南部地域は開発が遅れており、親たちの教育意識も低いためである。そこで当局は、もう一つの施策として、生徒全員に統一の学力テストをおこなうことにして、その結果にもとづき北高と南高に入学する生徒の学力が同じ水準になるように振り分けをしていくことにした。そのために必要とされる通学手段についても公費で整備されることになった。もう一つの案として、北高と南高をどちらも廃止して、中央高という新設高に統合しても同様の効果が期待されるが、このばあいは学校建設のために多額の出費が見込まれる。

いずれにせよ北高と南高の格差は完全に解消し、両校は——あるいは中央高は——平等な学校として改革されることになるであろう。しかし、とクーパーは問いかける、これでいったい「教育の質」はどうなるであろうか、と。

この問いかけに対して、「平等であること」それ自体が質的に価値があることであると答えることもできよう。それが平等主義の基本的なスタンスである。一人の生徒が百歩前進することと百人の生徒が一歩ずつ前進することとは、前進した歩数の総計は同じでも、後者の方にこそ価値があるとみなすのである。もちろん、これは科学的に証明された真実ではなく、ただそのようにみなすということにすぎない。また、仮に北高と南高が同水準の学校になったとしても、それぞれの学校のすべての生徒が同一水準の学力になることはあり得ない。生徒のあいだの学力の格差は、教育が開始される段階でも、終了する段階でも必然的に付いて回っている。それでも、「平等であること」を理想として努力しつづけることに価値を置くのが平等主義なのである。

[4] クオリティーか、イクオリティーか

クーパーの架空の小国《スコレシア》では、改革後の二つの学校に通う生徒の学力は同水準になるようにそろえられた。しかし、その水準が改革前の北高のそれを上回ることはあり得ない。単純に推計すれば、南高の水準が上がった分だけ北高の水準が低くなっただけだからである。つまり、

教育のクオリティー（質）とイクオリティー（平等）とは両立が不可能なのであり、教育改革はどちらかに軸足を置かざるを得ないのである。質の面でのデメリットを差し引いても、全体が「平等になること」のメリットの方をあえて選択するのが平等主義であり、《スコレシア》ではこのポリシーが採られた。しかしこれとは反対の選択肢も当然あり得るはずである。教育における平等を犠牲にしてでも、教育の質の向上を図っていこうというのがそれである。世界中でなされているおもな教育改革はこちらの選択肢に賭けている。

このばあいの「教育の質」とは、伸びようとする生徒の能力をさらに伸ばしていけるような教育のシステムのことを指している。こうした教育は、「エクセレンス（優秀性）への教育」ともいわれる。平等主義の教育が水平方向に価値の尺度をあてていくとすれば、「優秀性への教育」は垂直方向にそれをあてていく。クーパーは、かつて一九世紀のニヒリズムの哲学者フリードリッヒ・ニーチェが、教養の大衆化が文化の低俗化をもたらしたことを批難して、超人のような知的エリートによる世界の救済を夢みたことにならい、この「エクセレンスへの教育」を唱えたのであった。

もちろん少数の知的エリートの出現によって、国の財政事情までが一挙に好転するような時代ではもはやないであろう。それでも、独創的な事業に携わる人材の確保が、「創造性の開発」などの名で教育に期待されているのは今も変わりない。その一方、どのような子どもをも落ちこぼさないでほしい、どの子どもにも分かる教育をしてほしい、という平等主義の要求も根強いのが現代なのである。

[5] 個性化教育

アメリカの評価論の研究者ベンジャミン・ブルームは、これまでのような五・四・三・二・一の五段階で児童生徒の学力を測る相対評価にかえて、一人ひとりを絶対的に評価していくことの必要性を主張している。この主張は、「教育の質」についての新たな考え方から導きだされている。ブルームの考えによれば、一人ひとりの児童生徒は、知識の量や理解の速さや精神面の強さなどでそれぞれ異なった特性を有している。そして、この異なる特性に配慮して教え方を工夫しているかどうかで、教育の質が決まるというのである。それぞれの児童生徒の特性に合致した教育が質の高い教育とみなされるのである（ブルーム［1976：chap.5］）。

ブルームの考え方では、平等主義の教育と「エクセレンスへの教育」の双方に配慮がなされているのが特徴的である。少なくとも教育の《質》を《量》で測るような発想はしりぞけられている。こんにち流行の「教育の個性化」も、このブルームの考え方を一つの源泉としているのであるが、なぜかそれは「悪しき平等主義」への決別から説き起こされることが多い。そういえば、「教育の個性化」というスローガンがかつての臨教審の「教育の自由化」の生まれ変わりであったことが想起される。

第五講 「心の教育」と知識

[1] なぜ、「心の教育」なのか

それぞれの学校が、子どもと親の期待に応えて改革努力を重ねていけば、全体として社会をよりよい方向に変えていくことになる、というように考えるのは確かに楽観的にすぎよう。各学校の改革努力は、実際にはそうした社会改革へのマクロな見通しをもってすすめられているとは限らない。教育行政をつかさどる当局から示される《目標》の趣旨をアレンジして、学校教育目標を立てていっているのがふつうである。毎年学校では学校教育目標が更新されることになっているが、掲げられている表現をみる限り、多くの学校であまり変わりばえがしない。そのことからも、《目標》の上意下達性がすけてみえてこよう。学校は内部改革への努力を、より大きな将来の社会像を見据えた《目的》のなかに位置づけることからはじめてはいない。学校が受け入れているのは、それよりはるかに穏当な《目標》である。近年では「心の教育」がそれにあたる。

しかしそれにしても、社会の大きな構造変化のなかで必然化している教育改革が、なぜ「心の教育」の名のもとで推進されなければならないのであろうか。ふつう「教育改革」といえば、一連の経済改革、行政改革などにみられるように、社会のインフラストラクチャー（基盤構造）にかかわる改革が連想される。教育における市場＝競争原理の導入なども、それが妥当な改革にあたるかどうかは別にして、これまでの教育の運営システムを社会全体の動きのなかで変えようとするもので、「教育改革」の名に値しよう。そういうドラスティックな教育改革論議と較べると、「心の教育」からはそれほど明確な論議の構図が描けない。その理由は、「心の教育」という目標に、教育改革に向けてどのような戦略が込められているかがはっきりしていないことにある。それはいかにも当たり障りのない、それゆえ争点のはっきりしない目標にすぎない。問題は、心の教育の重視によって、実際にどのような改革が着手されようとしているのかである。

[2] 学校教育と「心の教育」

もし、伝えられる通り、「心の教育の重視」が学校教育ばかりでなく家庭での教育、つまり父親や母親による教育のあり方をふくめた提言であるとすれば、教育改革論議のすすめ方に難しい課題が投げかけられたことになる。というのは、改革の提案者は公の権限が及びもつかない領域に改革論議の主戦場を求めているからである。家庭教育のような、本来的に多様なあり方がゆるされる領域に、一体どこまで改革が踏み込めるのであろうか。実効性の点からいっても、建前論からいっても、家庭教育を改革の標的に据えるのは容易なことではないのである。公の権限でなし得るのは、時短や育休などの施策によって家庭教育の環境整備をすることぐらいである。そういう公的な措置を講じるようなことをしないで、心の教育の重視を親たちに呼びかけるとすれば、それは苛立ちの表われとも、親たちへの責任転嫁とも受け取られかねない。

そのため教育改革をめぐる論議は、公共的に決められる基準で運営される学校のような教育機関をおもな標的としてなされるべきなのである。そこからの波及効果で、家庭教育のあり方に関心が高まるのは望ましいことであるが、家庭教育そのものは教育改革の対象とはなりづらい。だいいち家庭教育の担当者には、学校教育のばあいのように改革を遂行する責任は問えるものではない。

そうなると、問題は次のように絞られてくるであろう。つまり、学校教育の場で心の教育の重視をしていくにはどのようなことから考えていけばよいのか、と。とりわけて、「心」とは何を意味するのか。それを学校教育の場ではどのように考えていけばよいのであろうか。

いうまでもなく、心にはもともと特定の実体があるわけでも、何らかの機能が備わっているわけでもない。それだからこそ、思いやりの心とか、人の痛みが分かる心とかと、さまざまな性質や特性が心に期待されてきているのである。しかし、たんに望ましさの基準に合致しているからといって、それらの性質の寄せ集めで心を描いていけるわけではない。そのように心の性質を数えあげていくならば、それこそ収拾がつかなくなるだけである。そこで心については、それに形を与えていく外側の世界から輪郭を描いていくことが必要になる。科学者が対象にしている自然の世界、芸術家がみつめている美の世界、文学者が取り組んでいる人間界、信仰者が抱いている愛や癒しの世界、などの側から心に「形を与えて」いく。それが「形成」ということであるが、心は形成されてはじめて存在が与えられてくるのである。

それでは、一体どれだけの世界から心は形成されていくべきなのであろうか。そういう形成の課題として、心ははじめて議論の的になることができるのである。

[3]　生の形式と知識の形式

二〇世紀の前半にドイツでは文化教育学という学説が流行したことがある。その代表者の一人にエデュアルト・シュプランガーがいる。シュプランガーは、人の心を形成していくのは心の外側にある文化であるとみなして、文化のもつそういう価値のことを「形成価値」と呼んでいる。この形成価値を有する文化の領域として、シュプランガーは知識や科学の領域、技術や経済の領域、芸術や美の領域、人間関係や社会の領域、教育や権威の領域、そして宗教的な体験の領域のあわせて六つの領域を挙げている。これらの領域には、それぞれそこに専念して生きていく人がいる。科学者、経済人、芸術家……などがそうであるが、それらの人びとの生き方もたがいに異なっており、シュプランガーは六つの領域の生き方を「生の形式」として類型化した（Spranger［1921：2 Abs.］）。

しかし実際には、人びとの心は多かれ少なかれこれら六つ領域からそれぞれ価値を得て形成されていかなければならない、ともシュプランガーはいっている。要するに、心の教育の問題はどのような領域から、どれだけの価値を得て心を形成していくかという問題、いい換えればカリキュラムの幅をどのように編成していくかという問題にいき着くのである。

時代は少し下るが、一九六〇年代のイギリスで、カリキュラムの編成基準は何かという問題についてひときわ論議を喚んだ論文がだされている。それはポール・ハーストが書いた「リベラルな教育と知識の本質」という論文である（Hirst［1965］）。ハーストは、伝統的な「リベラルな教育」の考え方を基本的に引き継いでいる。それは文字通り心を自由にしてくれる教育という意味であるが、何が心を自由にしてくれるかといえば、それは各種の知識である。この意味で、幅ひろい知識で充たされていなければ心は自由とはいえないのである。

ここでも、問題はどのような種類の知識が本当に心を自由にしてくれるのか、ということである。それをどのように決めていけばよいのか。ハーストのばあいは、人びとがする経験や思考の種類に着目していっている。

人びとは、一人ひとり実にさまざまな経験をしてすごす。そして、それらの経験はひとかたまりのものであって、一つひとつ分けられているものではない。しかし、よく反省していくならば、あるものは科学的探究の経験として、またあるものは歴史的探究の経験などとして、一つひとつ意味のことなる経験として受け取っていくこともできる。つまり経験が分節化されていくのである。ただし、そのようなことが起こるのは、人びとの心のなかでそれらの経験を理解する能力が一つひとつ育っているからである。心のなかでそうした理解の能力を育てる際、基準として役割をはたすのがハーストによると「知識の形式」である。

それぞれの人がする経験は多種多様である。しかし知識の形式は客観的であって、誰にとっても共通するものである。この意味で知識の形式は個人の経験を超えて成り立っており、それがあるからこそ人びとのあいだの経験がおたがいに理解し合えるものになるのである、とハーストは考えたのである。しかしそのような知識の形式にあたるものが実際に存在するのであろうか。これが論議を喚んだ点であるが、ハースト自身はそれを確信していて、自然科学、人文科学、歴史、宗教、文学、芸術、哲学という六つを知識の形式として挙げている。知識の形式は人びとの経験を整序し、それに公共性の刻印を与えていく基準なのである。

[4] 知の枠組みの再建

シュプランガーの「生の形式」にしろ、ハーストの「知識の形式」にしろ、どちらもいささか機械的で、図式的で、画一的な印象さえ与えるかもしれない。心というものを、そのように価値や知識の形式で仕切られたものとみなすのには、抵抗さえ感じられよう。そして、かれら二人の議論は《頭》の教育にはあてはまるかもしれないが、《心》の教育にはあてはまらないのではないか、とも疑うこともできるかもしれない。この疑いは、次のような見方とあい通じている。それは、心の教育の重視が叫ばれているのは、頭の教育だけでは解決のつかない問題が頻発しているからである、というみ方である。いい換えれば、知識偏重こそがそうした問題を生みだしているのである、というような見方である。

しかし、このように「心の教育」を「頭の教育」から切り離して、独自に取り上げていくことでどれだけ問題に根本的な解決が与えられるかどうかは、たいへん疑わしい。頭であろうと心であろうと、考えていかなければならないのは、どのような価値とどのような知識でそれを充たしていくかということである。つまり、カリキュラムの幅をどのように編成していくかという教育内容の問題である。

「心の教育の重視」の名のもとで、人間尊重や生命の尊厳、人と人との交流などの態度や感情の育成が急務とされている。それは大切なことであるが、問題はどのようにすればそのような態度や感情が心のなかに育つのか、ということである。それは、学級経営や、カウンセリングなどの臨床的な手法だけで直接養われるものではない。それの育成は、回り道をするようでも知識と価値の伝達の問題として受けとめていかなければならない。

ハーストが上掲の論文を書いてからわたしたちの時代はさらに三〇年を経ている。このあいだに、共通の「知識の形式」があるという確信や、そういうものを想定する必要もずいぶん揺らいできている。今では、それは小学校段階の「基礎・基本の重視」に圧縮されてしまっている。人びとの生き方と価値観は、中学生、高校生、そして社会人になれば多様に枝分かれしたものになってきている。こうした価値観の多様化がすすむ時代であるから、なおさら共通の「知識の形式」にあたるもの、つまり新たな知の枠組みの再建が目指されていかなければならないのであり、そうした教育内容にかかわる論議の上で、はじめて教育の公共性の再建は具体性をおびてくるのである。

第六講　自然の学区、自由の学区

[1]　通学の風景

子どもが電車を乗り継いで塾通いをするということは、都会の夕刻の風景として、既にすっかりなじんだものとなっているが、それでも学校通いとなると、徒歩による通学の方がまだふつうのことである。少なくとも、小学校と中学校は歩いて通える範囲内にあるもの、つまり地元の学校というイメージがまだ強い。学校は人びとが生活を共にする地域のなかに位置づいていとなまれている。

アメリカ合衆国の建国の当時、人びとは新しい開拓地に入植するとまっさきに教会を建て、その次に学校を建てたといわれている。教会と学校は、人びとの共同体意識に支えられていとなまれ、また新たな共同体意識を育んでいたのである。こうした学校と地域の相互的な結び付きを重視する考え方は、今からおよそ五〇年前にアメリカから二度にわたり教育使節団が来日し、敗戦後の日本の教育制度の立て直しのために報告書を残していったときにも盛り込まれている。「学区は、できるだけ自然な地域を中心としてつくられるべきである」と第二次アメリカ教育使節団は勧告している。それは敗戦から五年がたった一九五〇年のことである（中島［1954：312］）。

当然のことながら、この報告書はアメリカの対日占領政策の転換を抜きにして読むわけにはいかない。アメリカの対日占領政策は、敗戦直後の《国家主義からの解放・民主化の政策》から、《防共政策》へと路線を大きく転換したことがしられている。それを決定的にしたのが一九五〇年の朝鮮戦争の勃発であった。この占領政策の転換は、第二次アメリカ教育使節団の報告書にもかげをおとしている。自然な地域、つまり人びとが日常の生活を共にするコミュニティーは敗戦から立ち直ったばかりの日本が政治的にいっきに左傾化していくのを食い止める砦として着目され、学区はこの自然の砦を単位としてつくられるべきである、と勧告がなされたのである。このように地域と学区のあり方は政治の動きと決して無縁ではなかったのである。

［2］　自然の学区

たしかに学区は人工的に割り振られる行政区域と較べると、地域住民の生活の単位といっそう密に対応している。それだから、今でも学校の統廃合は教育の効率的な運用の見地だけで押し切るわけにはいかない。山間地域のばあい、それはしばしばその土地の伝統の継承をおびやかす問題ともつながっている。こうした自然の学区を制度的に固定して、となりの学区の学校には通えなくしたのが通学区域制度である。通学区域制度は、人びとから学校選択の機会を奪うなどかなりきついしばりをともなってはいるが、それでも学校と地域との自然の結び付きや、子どもたちの学校通いの便宜を考慮して適正に定められたもので、これまであまり大きな問題を起こすことなく維持されてきている。それが維持されてきたのは、少なくとも次のような二つの前提があったからである。

その一つは、人びとが自分たちの地域に共同体意識をもち、自分たちの子どもがそこで育つことに意義をみとめてきたことである。つまり人びとの交わりや暮らしの基盤が子どもの教育の基盤でもあったのである。

もう一つの前提は、仮に子どもを他の学区の学校に入れても、教えられる内容に大きな開きやちがいがなかったことである。そのためわざわざ遠くの学区の学校に通わせるまでもなく、人びとは自分たちの地域に割り当てられた学区の学校を、みずからすすんで選んできたのである。

これら二つの前提、つまり共同体意識と平等主義が成り立っていれば、これからも自然の学区は維持されていくであろう。しかしこれらの前提条件は少しずつ崩されてきている。人びとは自分たちの地域にかつてほどの共同体意識を抱かなくなり、そうした意識を子どもに注ぎ込むことにもそれほど意義をみいださなくなってきている。その上、学校と学校とのあいだで教えられる内容に相異や格差が目立つようになり、そのことに人びとは無関心ではいられなくなってきている。少しでもよい学校に子どもを入れたい。たとえ近くに学校があっても、荒れた学校には入れたくない。そういう率直な気持ちを抑えることができなくなってきている。それでも人びとは自然の学区を維持しようとするであろうか。それとも自由意思で選べるいわば「自由の学区」の方を望んでいくであろうか。

[3]　自由の学区への流れ

自然の学区を支えてきた前提は確実に崩れてきている。それには農村型の閉じた社会から都市型の開かれた社会へと社会の構造が変わってきたことや、道路交通網が整備されたことなどが深く関わっている。そのため人びとは地域から地域への移動を容易なものと感じてきている。そればかりか、そうした移動が避けられないことのようにも感じてきている。そのため、学区が自然の地域に固定されていることの方に、むしろ不自然さが感じ取られるような状況が生みだされてきている。なぜ学校は自由に選べないのか。いや、そもそも通学区域制度は必要なことなのであろうか、と。そういう自然の学区から自由の学区への流れが今はじまろうとしている。

行政当局による通学区域制度への規制緩和も、少しずつはじまっている。これまでのように、病院通いの都合や、いじめなど特殊な友人関係の事情で例外的にみとめられていた区域外通学が、こここにきてさらに緩められる公算がでてきた。それは今のところはまだ全面的な規制解除には至っていない。しかし、今後自由の学区への流れが少しずつ加速していくことは確実である。というのは、この流れを「教育的にみてメリットのあることである」と歓迎する見方が、行政当局にも地域住民の側にもあるからである。

学区と学区の境目に調整区域を設けて、そこに住む人びとにどちらの学区を選ぶかを決めさせたり、一定の区域内の複数の学校のなかから希望する学校を選ばせたりする。このようなやり方で、通学区域制度への規制緩和を部分的にすすめているところも増えてきた。このばあい、人びとは公然とみずからの意思で学区と学校を選ぶことができる。それが「教育的にメリットがある」とみなされるのは、選ばれる学校の側に競争原理がはたらき、自己改善への効果が期待されるからである。それと同時に、学校を選ぶ側にも、各学校でなされる教育の質を判別する目とともに、自己責任が負わされることになるからである。自分の目で選んだ以上、学校に対して不平、不満を洩らしてももはやしようがないことである。

通学区域制度が厳格に維持されている限り、人びとは学校を信頼する外はない。少なくとも人びとはその学校に子どもを通わせていることについて、説明が求められることがない。しかし自分の意思で学区と学校を選ぶならば、求められれば説明ができなければならない。この説明ができるということを、「アカウンタビリティー」といい、「責任性」などとも訳される。

[4] アカウンタビリティー

それでは、人びとは一体誰に対してアカウンタビリティーがあるのであろうか。A学区とB学区との調整区域に住む人が、仮にA学区ではなくB学区の方の学校を選んだとしよう。このばあいその人は自分がした選択について、誰に対してアカウンタビリティーがあるのであろうか。少なくとも次の三者に対してその人はアカウンタビリティーがあるように思われる。

何よりまず、その人自身の子どもに対してである。B学区の学校に通わせられるのはその人の子どもであるから、なぜもう一つのA学区の学校ではいけなかったのかを説明できなければならないであろう。しかしそれはあまり現実感のある話とはいえない。仮に子どもが自分の親にアカウンタビリティーを求めるようなことがあったとしても、それが公に問題になるのは養育放棄や児童虐待などのきわめて特殊な場面に限られるからである。子どもに対するアカウンタビリティーは、ふつうは子どもの将来のしあわせを願う心遣いと区別が付けづらい。そうした先回りした親の配慮のことは「パターナリズム」といわれる。

その次は、自分の子どもを通わせることになる学校に対してである。なぜこの学区と学校を選んだのか。それを学校に対して説明できるということは、親もまた学校の運営方針とそれの改善に責任を引き受けるということである。しかもそれは一人の親としての責任だけではない。《親たち》

として協同で意見をまとめていく責任も、学校に対して負うことになるのである。一人ひとりの親の意見を取りまとめていくのは、かなりきつい責任となることであろう。

しかし、何といってもB学区を選んだ人がアカウンタビリティーをきびしく問われるのは、同じ地域に住む人びと、とりわけてもう一方のA学区の学校に子どもを通わせている人に対してである。同じ地域に住みながら、なぜB学区の学校でなければならないのか。その説明はもはや「その学校の方が、うちの子どもにはよいから」ということだけではすまない。もう一方のA学区の学校が、児童・生徒数の減少に歯止めがかからないような状態にあるときは、特にそうである。一学級あたりの児童・生徒数が適正数を割り込むようになれば、さらに深刻になるであろう。

学校と学校のあいだでの子どもの争奪戦が、それぞれの学校に特色ある学校づくりを促す原動力となるのも期待されてよいことである。しかし、親の側の注文にそのまま反応する学校を生みだすおそれもないわけではない。つまり、学校が親の側の買い手市場になるということである。少子化の傾向がすすむなかで、学校は親の歓心を買う企業努力を迫られる。それが特色ある学校づくりどころか、公立の小学校、中学校にも名門校化への横並びの競い合いを煽り、人びとの学校選択の目安となっていく。そうした思わぬ方向への展開は、「うちの子どもにはよい」という説明を人びとが暗黙のうちにみとめ合ってしまうところからはじまる。そうなると、教育のよしあしも、装飾品や食料品などの商品と同じように市場での需要と供給の綱引きで決まってしまうことになる。通学区域制度の規制緩和は、教育にそうした市場原理を意図的に導き入れるものである。そういう方向に国の教育改革がリードしはじめているのである。やはり現代においても、学区と地域のあり方は政治の動きと無縁ではないのである。

第七講　総合制、選択制

[1]　高校の制度改革

一九六〇年代から七〇年代にかけて、高校全入の国民的な願いはほぼ達成された。それ以降の高校改革は、中等教育を受ける機会の均等化、民主化ということよりも、教育の機会そのものの差異化を図る方向で推移してきている。それを推進してきたのが多様化と個性化の路線である。それは年とともに変貌していく生徒たちの実態に合わせようとする現実的な路線であるが、何らかの理念による裏づけを充分備えているとはいえない。その間高校は改革理念を欠いたまなしくずし的に多様化してきている。「高等学校」という制度上のカテゴリーは今なお持ち堪えられており、そこを卒業する者にはすべて上級学校への同一の進学資格が授けられている。しかしカテゴリー全体を特徴づける実質的な類差を確認するのが難しくなり、むしろカテゴリー内の種差の方が自然発生的に確立してきている。中学から高校への進路指導も、この種差を格差に変換しながらなされているのが実状である。「輪切り」と呼ばれる進路指導がそれである。

かつては、「教育における機会均等」が教育制度の改革の中核的なスローガンであった。どこにいても、誰に対してもできるだけ同じような教育の機会を行き渡らせたい。そういうことが敗戦後長いあいだ、後期中等教育といわれる高校教育の普及を図っていくときの共通の目標とされてきた。そうした民主主義の理念に裏づけられた目標が、いつの間にか画一化を助長するものであるとか、「悪しき平等主義」であるとかといわれて見直しを迫られているのである。

これまでの時間の経過から順番にいえば、およそ一九七〇年代のはじめ頃にまず多様化論がでてきた。生徒たちの能力や適性に合わせて、さまざまなコースや学科が高校に設けられるようになったのもその頃からである。その後八〇年代になると個性化論が登場してきている。入学者の選抜方式に推薦制が採り入れられるなど、個性的な学校づくりがすすめられ、学校と学校のあいだで競い合って差異化が図られるようになり、「特色ある学科・コース」の設置がいっそうすすめられるようになった。多様化論の方は文部省の中央教育審議会から、個性化論の方は、内閣に直属する臨時教育審議会からそれぞれ答申されたものである。そうした動きに押し切られるかように、教育機会の均等化や民主化は行政当局の努力目標のなかでもあまり目立たないところに置かれていくようになった。

高校改革の課題は、すべての生徒に同じような内容の教育機会を保障していくという制度上の制約に従いながら、なおかつ一人ひとりの生徒の適性や能力を見極めて、社会の労働力市場の需要に合理的にマッチングさせていくような方式をみいだすことである。しかし、マッチングのどちらの項もそれぞれランダムに拡散してきており、両項を結び合わせる等式が成り立ちづらくなってきている。それが改革を一貫性に欠ける理念なき改革にしてきているのである。

[2]　ストリーミング

かつて一九四〇年代のはじめに、イギリスでは「セカンダリースクール・フォァア・オール（すべての国民に中等学校を）」の掛け声とともに、中等教育への機会の拡大を求める運動が盛り上がった。その当時は、日本でもそうであったが、義務教育といえば初等教育、つまり小学校までの教育に限られていた。それより上級の学校には一部の裕福な階層の子どもだけが進学できた。それだけに、「セカンダリースクール・フォァア・オール」の掛け声は時代の先を読む教育要求であった。この要求は、第二次大戦の終結を挟んで実現されることになるが、そのときイギリスで発足した義務制の中等学校は「三分立制」と呼ばれるものである。それは将来大学への進学をこころざす生徒たちのための学校と、卒業後ただちにホワイト・カラーの職業に就く生徒たちのための学校と、ブルー・カラーの職業に就く生徒たちのための学校の三本立ての制度である。しかもどの学校に入るかは、満一一歳のときに受ける全国統一の適性試験できまる。それがイレブン・プラス試験である。

このようにして、小学校までは同じ流れのなかにいた生徒たちは三つの異なる支流に分けられることになる。この「ストリーミング」といわれる振り分けは、あくまでも生徒たちの適性を調べた上でなされることになっており、それまでのように、親の出身階層によって進学先が決まってしまうような不合理は是正されることになった。しかし判別される適性の種類はおおよそ社会の階層や職業に対応しており、そのため生徒たち一人ひとりの適性の比率は、社会の労働力市場が必要とする階層の比率から大きくずれることはなかった。つまり生徒たちのもって生まれた潜在能力は、社会の階層構造に照らし合わせて測られていたのである。そうした社会の必要に従って分別されていく能力が、生徒たちの《適性》なのである。

こうした適性によるストリーミングの弊害は、その後間断なく指摘されてきている。学校がストリーミングの役割をはたすことにより、生徒たちは自分たちの潜在能力のすべてを開花させる余裕がなくなり、早いうちからそれぞれの階層や職業に適合していくように強制させられてしまっている。一体、それほど早いうちに生徒たちの適性を科学的に判別していくことはできることなのか。こうした指摘が批判者の側から繰り返しだされてきている。批判者たちは、少なくとも中等学校への入学の段階で生徒たちをストリーミングにかけるのは避けるべきであると主張して、四つ目の類型の学校として「総合制中等学校」（コンプリヘンシヴ・スクール）を設けるように提案した。それはイレブン・プラス試験の成績に関係なく、誰でも入ることができる学校である。やがてはイレブン・プラス試験と三分立制を廃止して、総合制中等学校に一本化していくことを提案している人もいる（Simon［1985：chap.7；1992：chap.2］）。現に、こんにちに至るまで総合制中等学校を設置する地区は確実に増えてきており、イギリス全土ではすべての中等学校のなかで八割を超えている。

［3］　日本の総合学科制

総合制中等学校の実現は、いまだに階層間で生活のスタイルの格差を温存してきている《階級国家》イギリスでは悲願ともいえる。しかし総合制中等学校への一本化の実現がいまだに難しいのは、たんにエリート校の存続を願う人びとが少なからずいるからだけではない。また異なる類型の学校のあいだに、格付け競争や生徒の争奪戦があるからでもない。いくつかの類型のコースをただ束ねていくだけの学校をつくることなら、それほど難しいことではないはずである。

総合制中等学校の実現が難しいのは、そうした枠組みのことよりも中身のことによる。つまり、総合制の学校のなかで一体どのような内容をすべての生徒に修得させるべき教育内容としていくのがよいのか、という問題である。要するにコモン・カリキュラム、つまり共通カリキュラムをどのように設定するかという問題である。総合制中等学校の実現は、このコモン・カリキュラムの編成にめどをつけなければ成功しない。その上そうしたカリキュラムを、将来大学への進学をねらう生徒にもブルー・カラー層になっていく生徒にも、すべて必修化していくことを正当化できるような理論がどうしても必要になる。そうした基礎的な教育理論をつくりだすために、イギリスではえんえんと議論がつづけられてきている。

すべての中等学校を総合制中等学校へと一本化していくという構想は、一つの学校に複数のコースを並列的に用意していくような措置では完全なものにはならない。共通の必修内容をどこまでの範囲で設定していくかが、成否の決め手となるのである。その点で、日本の高校改革の目玉といわれる総合学科制の導入は、いわゆる進学校の普通科をふくめた総合学科制ではなく、多くのばあい職業系のいくつかの学科のあいだでの総合制に止まっており、そうした改革がはたしてイギリスの総合制中等学校と同じ意味で「総合性」（コンプリヘンシヴニス）を目指しているといえるかどうかは議論の余地があるであろう。

日本の総合学科制のばあいは、何よりも総合制と選択制とを組み合わせているところに特徴がある。日本の総合学科制は、かならずしもストリーミングの解消を目指してつくられたわけではなく、むしろ在学中の三年間に生徒自身にストリーム、つまり進路選択をさせていくようなシステムを採っている。ただ生徒たちが実際に選択できる進路の選択肢は限られている。それればかりか、生徒たちは学校側によって用意されたカリキュラムを履修していくうちに、考え方や生き方までも卒業後にすすむことになる職業に合わせていくようになっていく。そうしたいわば自発的なストリーミングが日本の総合学科制ではみられるのである。

[4] 職業指導

日本の高校は、職業紹介所としての役割をアメリカやイギリスの中等学校と較べてはるかに積極的にはたしてきている。就職難の時代といわれながらも、生徒たちは高校在学中に自分の適性を見極めながら、適性に見合った職業や勤め先に入っていく。それは、産業の多様化がすすむなかで高校自体が多様化を図ってきたからであるが、もう一方では、生徒たちが熱意や使命感ばかりでなく、ときには失意や諦めの気持ちを抱きながら多様化の流れに適応してきたからでもある。つまり第二志望、第三志望のストリームをもやがては受け入れていく。そうした健気で逞しいメンタリティーをも、日本の高校は養ってきているのである。高校教育は、正規のカリキュラムの外に、そうした人生における身の処し方を教える「隠れたカリキュラム」も所有しているのである（ウィリス[1985]）。

しかし、生徒たちのしたたかな適応力と「隠れたカリキュラム」の教育力に頼ることにもそろそろ限界がみえてきた。長期にわたる社会全体の経済活動の低迷は、若年不就労者の存在をもはや一時的な現象とはしなくなってきているからである。イギリスでは、若年不就労者が同年齢層の二桁台のパーセントを占めている。そうした状態は少しずつ改善されてきているとはいえ、中等学校の卒業生のうちのかなりの部分を、これからも不就労のまま社会に放出していくことになる。それほど悪くはならないにしても、日本の高校でもフリーター志望の高校生が急増するなど、新たな事態に備えをしていかなければならないであろう。

それでは、こうした事態にどのように対処していけばよいのであろうか。すぐに想い着くのは、高校教育のなかで職業指導をいっそう重視していくことであろう。学校教育のなかでの職業指導を、生涯にわたるキャリア開発のなかに位置づけて制度化し、一貫性を調えていくことは急務である（藤田［1997：86ff.］）しかし、労働市場の雇用情勢に当分好転が期待されず、求人の絶対数に限りがある現状では、職業指導のみを重視していくのでは、生徒どうしの競争心を煽るだけにおわってしまう。今必要なのは、高校教育の出口を職業への入り口に結び付けるような職業教育を見直していくことである。安定した給料が得られる「定職」に就けさせることだけが職業指導ではない。卒業後の将来には、「転職」や「離職」、「失職」という事態も待ち受けているし、「臨職」で繋いでいくという生き方もあるかもしれない。職業との関わりだけでもこれだけさまざまな関わり方があるのであり、「定職」だけを目指させる指導は、技術革新がすすむこれからの社会を考えればかえって生徒の視野と適応力を狭めていくことにもなるであろう。総合学科制のメリットは、そうした変化の激しい社会に備える幅の広い教育内容を用意できることにこそある。そのメリットはまだまだ発揮されてはいないように思われる。

幅の広い内容を用意するというのは、たんにかつて「総合技術教育」の名のもとですすめられたような、職業の各分野からの寄せ集めの知識を授けるということだけではない。発想としては、むしろ伝統的な「リベラル・アーツ」の考え方がもう一度見直されていいのではないか。つまり人の生き方を拡げてくれるような教養としての教育である。一体それがどのような知識でこそなされるのか。これを真剣に議論していくことが、総合学科制のメリットを引きだす糸口となるのである。

第八講　ポスト産業社会と教育

[1]　ワークからワークへ

英語で「ワーク」といえば労働のことであるが、子どもたちがしている勉強もその一種である。つまり子どもたちの勉強は将来の労働にそのままつながっていく。子どもたちに《ワーク・ハード》させるのは、将来の《ハード・ワーク》への備えなのである。もちろん、それは各種の資格を取得させることによる備えだけではなく、ひたむきにワークに取り組んでいく姿勢を身に付けさせることによる備えをもふくんでいる。

学校での評価のポイントも、意欲・関心・態度といった潰しが効く心がまえが重視されるようにれらは学力を支える縁の下の力持ち的存在であったが、今ではそれらは学力の本体に組み入れられ、知識・理解・技能とならぶところに格付けられている。喩えていえば大道具係から役者の一員に引き上げられたようなものである。たしかに学校でも産業界でも、頭の良さとともに真面目さやひたむきさに高い評価が与えられている。そういう両面の特質を兼ね備えた人材が学校から産業界へと受け渡されている。《産業》のことを指す英語の「インダストリー」が、もう一つの意味として《勤勉》ということを指すのも興味深いところである。

だが、このような学校と産業界の連携プレイも、あくまで産業界の業績が右肩上がりに推移しているときのことである。その限りでは、学校は産業にシフトすることで生徒たちを鼓舞することができる。学校でひたむきにワークに取り組んでいれば、やがて産業界でよいワークに就くことが保証される。そういうワークからワークへのリクルート・システムが、生徒たちの意識のなかにも浸透していた。それが、学校のような過渡的で中間的な機関に秩序と規律を与えてきた。それもすべて、社会全体が産業のもたらすさまざまな財の恩恵にあずかってきたからである。もちろん、産業がもたらすのは物質的な財だけのことではなく、人びとの生きがいも産業の発展への貢献度で実感されてきた。社会のなかで生きるということは、産業の発展とともに生きていくということでもあった。人びとの生き方は、社会がこれまで、そしてこれからも産業を基盤とする社会として順調に成長していくであろうという見込みのもとで立てられてきている。それだからこそ勤勉は徳であったのである。

[2] 産業と教育

しかし、そういう見込みがだんだんと立ちづらくなってきている。産業に持続的な発展を期待していくのが難しくなってきているからである。IT部門など新たな先端産業を開発して、そこに基幹部分を移すという構造改革もすすめられているが、それでもかつてのような高度な成長が回復できる見込みは薄い。競争原理の導入による産業の活性化も盛んにその効果が吹聴されてはいるが、競争は必然的に敗者を生みだしていく。社会は勝者だけでできているわけではないし、誰でも敗者に転落していく可能性をもっている。そうであっても、敗者に対する公的な救済措置が完備していれば、人びとはベンチャーにも打ってでるであろう。そういうセーフティーネットが充分張られていないような現状では、競争原理の導入は先行きの不安感を募らせるばかりである。そのため、あえて危険な賭けをしてまで新たな起業に乗りだすようなことをしないで、安全・安定のなりわいで自足してしまいがちなのである。社会はこれまで、そのつど先端産業に引っ張られながらそれなりに成長を維持してきた。産業の発展に支えられて社会はどこまでも成長していくものだ、とも信じられてきた。そうした産業社会にとっては、産業の停滞は社会の成り立ちの危機を意味している。

産業社会の危機は、そのまま学校教育の危機にもつながっている。それはたんに生徒たちの就職口がなくなるという一時的な氷河期のことだけを指しているのではない。産業にシフトして、真面目さとひたむきさを生徒に求めてきた学校教育の成り立ちが意味を成さなくなるかもしれない。生徒たちにワーク・ハードさせていく根拠がなくなってしまう。ワークが学校と産業界を切り結ぶ回路の役割をはたさなくなってしまう。そうした学校教育の骨組みを揺さぶるような危機感なのである。生徒たちがワークすることに意義をみいだせなくなれば、学校も産業界も存続が危うくなっていくのである。

若年層の不就労が日本よりはるかに深刻なイギリスでは、さきごろ行政機構の改革の一環として教育雇用省ができた。それは日本の文部省と労働省が一緒になったような省庁で、教育の問題と雇用の問題を、ワークを仲立ちにしてリンクさせていこうというねらいがそこには込められている。具体的には、実業系の学校を増やしたり、職業教育を充実させたりするなどの施策が立てられてきている。しかし、こうした産業教育の振興によって、事態の打開がどこまで図れるかは疑問視されている。たしかに、勤勉で労働意欲にもえる良質の労働力を少しでも多くつくりだしていくのは必要なことであろう。しかし、それだけで生徒たちの就労率が上がるかどうかは別の問題である。産業界全体の雇用情勢が停滞しているのであるから、それを労働意欲の喚起で回復させるのには限界があるであろう。

教育の力でできることはどうしても限られているが、反面、考えようによれば教育でなければできないことも確実にある。その一つは、産業の現場にでていくまえに、生徒たちにワークの意味を一度しっかり考えさせておくことである。とはいっても、ここでいうワークとは、《産業》と《勤勉》の二つの意味がこびりついてしまっているワークのこと、つまり生徒たちにワーク・ハードの心がまえを付けていくことではない。ワークの意味はそれよりもっと拡げて考えられていかなければならないのである。

[3]　ワークの変貌

産業の発展に直接は貢献するようなことのないワークや、勤勉さをそれほど必要としないようなワークもある。つまりインダストリーに直結していないワークがいくらでもあるはずである。そのようなワークは、これまで余技としてか、あるいは余暇にでもなされるものとして、いずれにしろワーク本体からみれば《余りもの》にすぎなかった。しかし現代はそういう物質的な財を産みださないワークにも、価値をみとめていかなければならない時代である。

ボランティア活動を例にすれば分かりやすいであろう。ボランティア活動は、これまで他に本業がある人たちの善意の活動とみられてきた。それだからこそ、そこからは財の産出が求められることはないし、見返りの報酬もあてにされることがなかった。また他の人から勤勉の徳が強要されるようなこともない。嫌になればいつでも止めていくことができる。それだからこそボランティアなのである。

その反面、ボランティア活動からは本業以上に多くの生きがいが得られることもある。ばあいにもよるが、どちらが本業でどちらが余技かがしだいに区別がし難くなるようなこともある。そういう人たちのばあい、生きがいは産業への貢献度で感じ取られるよりも、産業から逸れたワークでこそ実感されるようになるかもしれない。そのようになれば、人は産業と直接的には関係のないところでなされる、実益をともなわないワークの方が本業に思えてきて、それを継続していくためにこそ産業の場でのワークに日々耐えていくことにもなるであろう。すべての人がそこまでいくことはおそらくないであろうが、産業の場でのワークを、さまざまな生きがいのなかのオプションの一つと受け取っていくことができるようなゆとりは、生徒たちのあいだに培われていってもよいことである。そのようになれば、「卒業＝就職」という公式に縛られることもなくなってくるであろう。

もちろん、そのように選択の幅を広くして、自分の生き方を自分で見いだしていけるようになるまでには、乗り越えなければならない障害も多くある。だいいち、生徒たちのあいだには今も集団志向性が強い。それを考えると、一人ひとりの生徒に自立した選択眼を付けていくには、学校教育のそれぞれの段階で時間をかけてさまざまな活動に携わらせていく必要があるであろう。今学校教育のなかでボランティア活動は盛んに奨励されているが、それのねらいも「奉仕の志を育て」、「善行を勧める」ことだけには尽きるものではない。産業の発展に貢献していくワークだけが生きがいのすべてではないことも、これによって教えられていくはずである。こうしたことを生徒たちに教えていくことは、これからの社会のあり方を考えるとぜひとも必要になることである。

[4] ワークからアクティヴィティーへ

人は長いあいだ、自分自身の生存も生きがいも産業の発展と重ね合わせてきた。人びとは就職して生活の場を学校から産業界に移しても、ワークからは逃れられない。そのようにワークはメビウスの輪のように循環している。そのなかに人は自分の生きがいを閉じ込めてきたのである。しかしこれからの社会は、もはや産業の発展だけに生きがいを繋ぎとめていけるような社会ではなくなりつつある。そういうこともだんだん予感されてきている。現代イギリスの教育哲学者ジョン・ホワイトは、新たな社会の到来を想定して「ワークの終焉」を宣告している（White［1997］）。ホワイトは、ワーク（労働）のような、つねに《何かのために》するようなことに人の生きがいが求められる時代は終わろうとしている、という。ワークにかわって中心に据えられなければならないのは、《何かのために》することではなく、《それ自体で価値がある》と思うことをすることである。それがアクティヴィティー、つまり活動である。

アクティヴィティーは人間の本性にもとづいている。ワークのように、誰かに追い立てられて《何かのために》することではない。アクティヴィティーは、いわば人間の自己表出である。そして自己表出を通してその人自身がつくられていく。この意味で、ボランティア活動は「奉仕活動」と同一視していくことはできない。そういう自発的で自律的ないとなみがアクティヴィティーであって、ボランティア活動はその典型であろう。これは、かつて政治哲学者のハンナ・アレントが、「人間であること」の条件を《実践》とか《製作》とかではなく、《アクション》そのものに求めたことにも通じる考え方である。アクションは何ものかをつくりだすことを目指してなされるものではない。しかしそれは、人と人との自由な語り合いのなかから、個人をこえた「公的空間」を生みだしていく原動力である、とハンナ・アレントは確信していた（アレント［1973］）。

産業の発展に、人の生きがいを重ね合わせるようなことをしない社会。そうした社会を「ポスト産業社会」と呼ぶとすれば、そこでの人びとの生きがいは、自律的なアクティヴィティーの場でこそ実感されることになるであろう。ただ、ポスト産業社会では、人びとは二重の生き方を余儀なくされることになる。一つは、おたがいの自己表出と自由な語り合いがなされる自律的なアクティヴィティーであり、もう一つは、産業の場での非自律的なワークである。人は非自律的なワークにもはや生きがいを求めることができなくなるとしても、それを捨て去ることもできない。要するに二股をかけざるを得ないのであるから、非自律的なワークに耐えていくという資質が新たに求められることになるであろう。それは、自身の生存ばかりでなく、社会のさまざまな人の生存を支えていくために必然化していることでもある。この意味でそれは《勤勉》というよりも、《寛容》の方にいっそう近い徳といえる。ポスト産業社会の学校では、《勤勉》という徳ばかりでなく、《寛容》というもう一つの徳も教えていかなければならないのである。

第九講　少子化社会、生涯学習社会

[1]　少子化社会の到来

こんにち少子化の傾向になかなか歯止めがかからない状態がつづいている。そこから今後いろいろな問題が引き起こされてくることが予想されている。ここ二〇年あまり、対岸の中国では一人っ子政策のひずみが深刻になっており、働き手の不足が家計を苦しめ、甘やかして育ててきた子どもに親が手を焼いている。そういう一族の長や親たちの嘆きがこちら側にも伝わってきている。

同じようなことがやがて日本でも起こるようになるかもしれない。しかも日本のばあい、事態は核家族化や過保護についていわれてきたことよりも、さらに深刻になるおそれがある。家族のなかでは、すでにタテ社会についてもヨコ社会についても人間関係が薄れてきており、地域社会のなかでも、子どもに社会的なロールプレイングを身に付けさせていく機能が崩れている（門脇［1999］）。こういうことはこれまでもよくいわれてきたが、問題はそうした家族構成の変化にともなうことだけには止まらない。少子化は、社会全体の存続をおびやかす事態をも招きかねないからである。それが「少子化社会の到来」という名で問題とされてきていることである。近い将来に年金制度が維持できなくなるかもしれないというような強迫観念とも結び付いて、少子化社会の到来はすでにセンセーショナルに取り沙汰されている。

少子化社会の到来を食い止める決め手は今のところない。少なくともそれが国の施策として打ちだされる見込みは薄い。というのも、少子化社会は人びとの身近な親密圏においてすでに広まっているからである。近隣の遊び場からいつの間にか子どもの姿が目立たなくなった。家のなかでも、子どもはそれぞれにあてがわれた自分の部屋に収まっており、そういうことにも少子化社会のきざしが感じられる。少子化がさらにすすめば、ひずみは社会のさまざまな分野に及んでいくであろう。教育もその例外ではいられないはずである。少子化社会への対応が教育改革を差し迫ったものにしてきている。それは確かであるが、その反面少子化社会の到来が教育改革をやり易くしているのも同様に確かである。このチャンスを正しく活かせるか活かせないかは、これからの改革論議のもっていき方によるところが大きい。

頭のなかで、試みにシュミレーションをしてみることにしよう。

[2] 学校選択の自由化

学齢生徒の総数が三〇〇人という地区を想い浮かべてみよう。この地区にはこれまでA校、B校の二つの学校が設けられていて、それぞれA校は二〇〇名まで、B校は一〇〇名まで生徒を収容できるように整備されている。収容可能数の差は地区のなかでの人口の分布を考慮して決められたもので、この受け入れ枠は教室数などハード面に限界があるので今後も崩せないものと仮定しよう。この条件下では、この地区には当然通学区域制度が敷かれることになる。

このような地区で、「学校選択の自由化」を求める運動が起こったとすればどういうことになるであろうか。そのきっかけは、校風のちがいや、学力向上への取り組み方のちがいなど、学校の教育方針の相異に親たちが無関心ではいられなくなったことにあるかもしれない。実際に学校どうしのあいだの差異化は、「特色ある学校づくり」の名のもとで行政サイドが推奨しているポリシーでもある。それはともかく、親たちのあいだでB校の評判がだんだん高まり、A校の校区の親のなかから通学区域制度の緩和を求める要望が高まってきたとしよう。このばあい当局の対応のしかたには、二つの正反対のオプションが考えられる。これまで通りの通学区域制度を堅持していくという案と、この際、通学区域制を緩和するという案の二つである。第二案では、B校への入学希望者が一〇〇名を超えることが予想されるから、何らかの選抜ないしは抽選が導入されることになる。そうなればB校の近くに住んでいるからといって、B校に入れるとは限らなくなる。

第一案では、一人ひとりの親の要望を聞くようなことはしない。親の個別の要望をあえて抑えてまで、全体としての公平性を保とうとするのである。それに対して第二案は親の個別の要望に沿うような改革案である。しかし第二案は、B校への入学・転学を望むすべての親の要望をみたすものではない。たかだか、「選抜か抽選の機会を与えてくれ」という要望に応えるだけの改革案である。選抜のしかたいかんによれば、親たちのあいだで不要な競争を煽ることにもなるかもしれない。いずれにしろ、上で仮定したようにこれまで通りの収容可能枠が崩せない以上、親たちの不満はどこかで残ってしまう。「学校の選択は親の権利である」という自由化論は、第二案でも完全には実現されない。この案では親たちのあいだでの権利と権利のぶつかりあいをも自由化してしまう。そういう窮屈な制約のなかで、二つの案はそれぞれメリット、デメリットが秤にかけられることになる。

このようなときに少子化の波が打ち寄せてきたとしよう。仮に学齢生徒の総数が半減して一五〇人になったとしてみよう。それでも従来どおり通学区域制度が堅持されているとすれば、A校、B校に通う生徒の実数は、それぞれ一〇〇名と五〇名になっているはずである。ところが、上で仮定したところによるとB校は一〇〇名まで生徒を収容できるから、通学区域制度が緩められるならば、両校に実際に収容される生徒数は最大五〇名の範囲で増減が可能である。それだけ教育改革の自由度が増したことになる。しかし、重要なのはこの自由度をどのように使うかである。「調整区域を設ける」という改革は、この自由度を活用するために考えだされた案といえよう。それはもう一つの現実的な案、つまり入学志望者の多いB校の校区を拡げて、逆にA校の校区を縮小するという線引きのやりなおし案とは明らかに趣旨がちがう。何よりも学校を選ぶチャンスを親の側に与える点でちがう。もちろん、それは調整区域に住む親たちだけに与えられるチャンスであって、通学区域制度も基本的に維持される。それゆえ「線」引きを「面」引きにして境界線をファジーにしたようなものである。少子化はこのファジーな「面」を少しずつ拡げていき、それをしだいに三番目の校区のようにしていくことになるであろう。

[3] 校区と住民

もちろん、調整区域を「校区」と呼ぶのは正しくはない。だいいち共通の学校をもたない校区というのはおかしいであろう。しかしそこに住む親たち、子どもたちが何かしら共通の関心事でたがいに結ばれるようにしていくことは大切なことである。それは、地域社会としてのまとまりを保つために必要なことである。それと同時に、そこで育つ子どもたちのアイデンティティーの獲得、つまり「自分たちは一体どこの誰なのか」という共同意識の獲得のためにも、それはなされなければならないことである。これまでは、同じ学校に子どもを通わせることでそういうことは自動的に確保されてきた。調整区域の「校区」では、それが新たにつくりだされなければならない。そういうことのためにも、通学先が親の判断で二つに分かれる「校区」では、親たちは同じコミュニティーの住民として新たな絆のつくり直しの責任を負わなければならない。

通学区域を変更するということは、子どもとその親たちだけの問題ではない。その区域に居住するすべての人びとにとっての問題でもある。それはこれからの生涯学習社会で学校がはたしていく役割とも深く関わっている。学校は、少子化によって生まれた空間を、生涯学習の場として地域住民に今後いっそう開放していくことができるようになる。それとともに学校は、地域のあちこちに点在している学習の機関をたがいに結び合わせていく役割も期待されていく。いわば学習のネットワークづくりである。どこにいけば、どのような学習のリソースとサポートが得られるのか。そうした地域住民の学習意欲を満足させるシステムづくりが、生涯学習社会での学校の役割、いや責任ともなってくる。学校のテリトリーは学校の敷地内だけではなく、校区内いっぱいに拡がっていくということである。そうした新たな役割も、少子化によって生まれた人的なゆとりによってこなせるようになっていくはずである。

こうした見通しで考えるならば、校区は子どもとその親たちの要望だけで変更してよいものではない。そこをコミュニティーとして生きつづけていく人びとの生きがいと学習意欲を引き継ぎ育てていくためにも、むやみに線引きを変えてよいものではない。教育改革を「学校改革」という狭い枠のなかだけで策定していくと、こうした落とし穴にはまることになる。

[4] シャドーな学習

かつて学校は「萌芽のような社会」(J・デューイ)と呼ばれたたことがある。それは、いずれ社会にでていく子どもたちにあらかじめ社会生活のモデルを用意してあげるのが学校である、という意味である。だから学校は社会に似せてつくらてきた。できるだけまじりけのない社会を学校に再現しようという趣旨で、ホーム・ルームも設けられた。「ホーム・ルーム」とは文字どおり「家庭の部屋」である。

ところがデューイが一〇〇年前にそうした構想を示して以来、その後の学校と社会との関係は逆転していった。社会の方が学校に似せてつくられるようになってきたからである。現代の社会は、学校や病院と同じように時間も空間も規則正しく仕切られている。そういう管理のいきとどいた社会では、温かい配慮がすみずみまで行き届いているが、その反面、人びとの自発的な生活や活動はやんわりと縛られている。そういう社会のことを、イヴァン・イリッチは「学校化社会」とも「病院化社会」ともよんでいる(イリッチ[1977;1979])。社会は、自分自身が生みだした機関や制度にいつしか乗っ取られてしまったのである。乗っ取られてしまっている以上、それらの機関や制度をいじるだけでは社会は生まれ変わらない。すみずみまで管理された学校化社会。そこからの脱却こそが目指されなければならないが、そうした「脱学校化社会」とは一体どのような社会のことなのか。それのイメージは今のところ「生涯学習社会」のイメージとダブらせて描かれている。

人の学習はその人の生涯のあいだつづけられる、といわれる。それは「学習」の意味を広く取ればその通りであろう。そのなかには高齢者とか専業主婦とかと呼ばれる人びとの学習も当然ふくまれている。ふくまれているというより、実際にはそういう人たちが生涯学習のおもな担い手である。こういう人びとは、社会の実務や財の産出などに直接携わっているわけではない。またそういう仕事に直接役立つ学習を求めているわけでもない。この人たちの仕事は、社会の表舞台でなされるワークというより、その背後でなされるシャドー・ワークである。学習もまた実益を求めてなされるものではなく、この意味ではこれもシャドーな学習である。それだからこそその学習は「何かのための学習」というよりも、「それ自体が目的の学習」なのである。

生涯学習社会での学習は、学校教育の延長でも代替えでもない。学校教育は、将来の生活やワークにそなえる「何かのための学習」に終始しているが、それに対して生涯学習社会での学習は、学習の本来のすがたを示してくれている。少子化社会の到来は、学校を子どもと親の目だけでなく、地域とそこに住むすべての人びとの目で見直すチャンスを与えてくれている。地域のなかでは高齢者も現役の学習者なのである。国立教育会館社会教育研修所の報告『高齢者の学習・社会参加活動の国際比較』（平成九年）が明確に分析しているように、高齢者はたんに健康であるから学習できるのではなく、学習するから健康なのである。このように、土台のところで《生きること》と《学習すること》とは結ばれている。それが学習の本来のすがたであればこそ、「それ自体が目的の学習」は学校教育の見直しをするときにも意義があるのである。

第一〇講　規制緩和と学校の設置権

[1]　新たなタブー

平成一〇年の通常国会で学校教育法が改正され、これまでの中学校と高等学校とを合わせた六年制の学校種が「中等教育学校」として新たにスタートした。その結果、小学校の初等教育を修了した後の義務教育段階から、複線型の進学システムが制度化されることになった。これまでのような六・三・三・四という単一の進学コースだけではなく、六・六・四というコースも選択できることになったのである。当面は、中等教育学校の設置数は全国的にもごくわずかなものに止まるから、親たちが子どもの進学コースとして六・三・三にするか、六・六にするかの選択に迫られるようなことはまだ先のことであろう。しかし、そのうち各都道府県が新しい学校種の設置に本格的に乗りだし、中学校の同一校区内に一校ずつの中等教育学校が設置されるようになれば、今回の法改正の意義と問題点もしだいにあらわになってくるはずである。

今回の改革の意義は、たんに六・三・三制から六・六制へという学年進行の区切り方の修正にあるのではない。仮にそれだけのことであるならば、同じ単線型の制度のなかでの手直しにすぎない。もっとも中学校の三年間に高校の三年間を一律に上乗せしていくならば、義務教育の年限延長という画期的な改革にもつながるであろう。しかし今回の改革は、それへの布石を意図した施策ではかならずしもない。むしろ、はっきり分けられた二つのコースを義務教育段階から用意しておくことに、改革のねらいがある。誰でも同じコースをたどる単線型進学・進級システムから、複線型のそれへのいわば枠組みの変更である。大学の付属校などでよくみられる中学・高校の一貫校のシステムは、中高のあいだに卒業と入学の手続きを踏んでいる限り中等教育学校とはみなされないが、この連続的な進学コースを加えれば、実質的にあわせて三つのコースが複線型進学システムの枠組み内に用意されたことになる。

長いあいだ、単線型の進学システムに従って少なくとも義務教育の修了までは同じ年齢の子どもを、同じ学校種の、同じ学年に入れることにしてきた。それが民主主義の平等の理念にかなっている、ともみられてきた。そういう見方からすれば、今回の学校教育法の改正は大きな転換にはちがいない。一つのタブーが破られたといってもいいであろう。一つのタブーが破られて、そのかわりに新たなタブーがまた祀り上げられようとしているのである。それは「選択肢が多いことは望ましいことである」というタブーである。この新たなタブーからすれば、これまでのような「子どもを同じように扱うのは正しいことだ」というタブーは、画一主義の押し付けということになるであろう。

[2] 学校選択権、学校設置権

教育の規制緩和は今、教育を受ける側の選択肢を増やす方向でなされている。高校の総合学科制の設置がそうであるし、通学区域制度の緩和もそうであるし、複線型の進学システムの導入もそうである。このように、選択の原理が学校教育のいろいろな分野にあてはめられてきている。そこには二つの意味がある。一つは生徒たちの能力や適性や志望を一律に扱うのが難しくなってきたこと、つまり生徒たちの実態に合わせて現実的に対応せざるを得なくなってきたことである。「現実的に対応する」というのは、要するに「生徒たちを類別化していく」ということであるが、その際どの類型に身を置くかを生徒自身、親自身にゆだねていく。それを望ましいことだとするのが選択原理である。選択には当然自己責任がともなっている。

もう一つの意味は、選択原理を適用することによって教育の質を改善していこうということである。このばあいは、教育を受ける側の選択は教育を供給する側の企業努力と競争を誘発する契機とみなされる。教育の受益者と供給者の関係を市場の需給関係と同じように見立てて、この関係のなかで、供給される教育の質に持続的な改善を期待していくのである。改善が確実に見込まれるためには、教育を供給する側にも規制緩和がなされていかなければならないであろう。そしてこの供給者の側の規制緩和には、学校の設置基準に関わる規制緩和もふくまれてしかるべきである。

大学の設置基準はたしかに大綱化されてきている。しかしそれ以外の学校種については設置の基準が規制緩和の対象になってきてはいない。教育の受益者の側には、「学校選択権」などと呼ばれる権利が唱えられればじめているが、教育の供給者の側にはこれに対応することは唱えられてはいない。そのため、教育の受益者と供給者の関係を市場での売り買いのようにたがいに立場を自由に入れ替えられるような関係にたとえるのは、まだすこし無理がある。学校を選ぶ自由は拡げられても、学校をつくる自由は拡げられてはいない。つまりねじれ現象なのである。そうであるから学校選択の権利といっても、実際には既製品のなかからの買いあさりにすぎないのである。

既製品のなかに、選択者の希望をみたすものがふくまれているならば、まだ問題は少ないであろう。そうではないときには、学校選択権は空手形のようなものになってしまう。それでも大都会のようにそれぞれに特色のある学校が競い合って存在しているならば、まだましであろう。それに対して、通学可能な圏内に学校がただ一種類しか用意されていないような地域では、選択しようにも選択のしようがない。その一種類の学校も、たいていは公立の学校である。そういう無風地帯は決して例外ではなく、全国的には大半の地域がそうであるといってもよいであろう。そうした地域を置き去りにして、学校選択の「権利」をうんぬんするのは「特権」を正当化するようなものである。したがって、「親の学校選択権」を広く親たちの権利として一般的に確立しようとするならば、この権利のいわば信用保証として、「親の学校設置権」もまたみとめておかなければならないであろう。教育の自由化がサプライ・サイドからディマンド・サイドに重心を移して展開されようとしているとき、ディマンド・サイドにいる者がただ利益の受け取りを待つだけでなく、みずからサプライ・サイドにも立てるという意味での自由化に拡大していくことが望まれよう。

［3］　手づくりの学校づくり

教育の受益者が供給者にもなる。あるいは、すくなくとも今あるような公立校でも私立校でもなく、非営利の民間団体（NPO）などの第三セクター方式で学校教育を供給していく。そういう自前の学校づくりの実績は日本ではまだ乏しい。そのため、「自分たちの子どものために、自分たちで学校をつくりたい」という設置申請がだされると、認可の審査手続きにとまどうことになる。仮にそれが宗教色の濃いカルト集団、とまではいかないまでも、たとえば自然のなかでの生き方や、自然のなかでの子育てを理想として共同生活をいとなんでいるような人びとからだされたとしよう。ふつうの人びとの生活から距離的にも考え方の上でも少し隔たった独自の暮らし方、たとえば一日二食主義や半労半学主義や無所有主義などで共同生活をしている人びとからである。こういうばあいどういう扱いを受けることになるであろうか。

もちろん生き方や子育てのしかたについて、人びとは他の人たちに同調する必要はない。自分なりの方針でやっていくことは自由である。しかしその独自の方針で学校を設置しようとすると、事情はちがってくる。というのは、学校はたとえ私立の学校であっても、公的な助成を受けるかわりに公的な責任を負わなければならないからである。そこで親ないし民間団体の学校設置権との関わりで特に問われることになるのは、学校の公共性ということである。この点について、設置認可の審査段階でハードルがこれまではかなり高く設定されてきている。たとえ施設の面やカリキュラムの面などで一応定められた基準をクリアしていたとしても、それだけではまだ認可が下りない。設置主体の性格自体も審査されるからである。設置主体が学校教育の供給者として公共的にふさわしいかどうかが審査の対象になるのである。この公共性という性格の判定の指標とされるのが「中立性」である。特殊な生活のしかたをしている集団に、かれらの方針で学校をつくることをみとめたとき、学校の公共的性格が確保されるか、という観点からのチェックである。この点が手づくりの学校づくりに対して規制となってきている。この規制に緩和を迫っていくには、一度「中立性とは一体どういうことなのか」という問い直しをしていく必要がある。

中立性、つまり「ニュートラルであること」とは、文字通りどの立場にも関与していないということである。自動車の駆動システムの喩えでいえば、どのギアにも入れていない状態、つまり「N」標示の状態がニュートラルである。このときも自動車のエンジンは途切れなく動いている。

しかしエンジンの回転はギアを通して車軸には伝達されない。つまりギアが「あそんでいる」状態がニュートラルなのである。それゆえ、本来ならば「ニュートラルであること」にはとりわけ何か前向きの価値があるわけではない。そのことは、しばらくニュートラルのままにしておけば自動車の進行がやがて止むことからも分かるであろう。「ニュートラルであること」それ自体には物を動かす駆動力はないのである。駆動力がないだけではなく、制動力としてもはたらかない。それだけに危ない状態でもあるのである。

それにもかかわらず、中立性は尊重されるべき価値、侵してはならない理念として学校教育のなかでつねに確保されるべき指標とされてきた。これが規制としてはたらく限り、「自分たちの生き方とやり方で学校をつくりたい」という要望を通すのは難しいことである。「自分たちの生き方」が中立性の基準に抵触しないことを証明しなければならないからである。それを証明するためには、独自色を極力薄めて、どのような人にも受け入れてもらえるような方針に変えていかなければならない。要するに、どのギアにも入れていない状態に近づけておかなければならないのである。そうなるとだんだん既製品の学校と変わらなくなってくる。

[4]「中立性」を超えるもの

それとは対照的な扱い方をイギリスの例から採ってみることにしよう。

イギリスの工業都市では、一九六〇年代から労働力の不足を旧統治国からの移民の受け入れで凌いできた。その結果、今では多人種化がかなりすすんでいる都市も多く見られる。そのような都市では、できる限りマイノリティー集団の文化を尊重しながらも、学校教育のなかで人種間のまじりあいを通してホスト文化に溶け込んでいけるように長年努力がはらわれてきている。

しかし近年、マイノリティー集団のなかには、自分たちの学校をつくって自分たちの生き方を子どもの世代に直接伝えていこうという動きが盛んになってきている。特にイスラム系の住民の側からは、そうした自分たちの学校を他の学校と同じように公立校として認可するようにという要望が強くだされている。イギリスでは、公立校のことは「ステイト・スクール」つまり国の学校と呼ばれるが、現にイスラム系の住民の学校がステイト・スクールとして認可されるケースもでてきている。こうしたケースでも、学校の《公共性》という性格が仮に《中立性》という指標で審査されていったならば、認可に至ったかどうかは分からない。イスラム系の住民の学校が、中立性を保っているかどうかは疑わしいからである。よく知られているように、イスラムの人びとは自分たちの伝統的なしきたりと戒律を何よりも尊ぶ。そういう生き方からすれば中立性は価値でさえない。それにもかかわらずかれらの学校がステイト・スクールとして認可されたのは、学校の公共性の指標が中立性だけではないからである。

「中立性」の名のもとで、マジョリティー、つまり多数派の人びとの価値観が全体を支配している。社会全体の精神的な風土を生みだすのに多数者の価値観は圧倒的な力を有している。そのなかにあって多数者の価値観はつねに護られている。そうしたモラル・マジョリティ、つまり道徳的多数者を後ろ楯にするならば、マイノリティー集団の生き方を「公共性に反する」と判定するのはたやすいことである。たやすいことには相違ないが、それが社会全体の精神的風土を貧しいものにしてしまうという代償も覚悟しておかなければならないであろう。

第一一講　『学習指導要領』、その正当化

[1]　『学習指導要領』の季節

二〇〇二年度から適用される『学習指導要領』の小学校編、中学校編、高等学校編が相次いで文部省から示された。それに先立ち教育課程、つまりカリキュラムの編成の基準が学校種や教科ごとに教育課程審議会ですすめられてきたが、その総仕上げが告示されたのである。これまでも『学習指導要領』はほぼ一〇年おきに書き換えられてきている。前回の改訂がちょうど一〇年前であったから、今回の改訂も予定通りのモデルチェンジにあたっているといえなくもない。『学習指導要領』が学校関係者ばかりでなく世の注目も集めるのは、いつでもこの書き換えのときに集中している。

新たに盛り込まれることになった内容、新たに設けられることになった授業時間や領域。それらに対する期待がふくらむ。その一方で注文も盛んにだされる。それらが賑やかに交錯するのがこの書き換えの時期なのである。

『学習指導要領』は、小学校編でいえば昭和二二年にだされた最初のものをふくめてこれまで六回改訂されている。大きな目でみれば、その一つひとつがそれぞれの時代の要求を映している。いい、わるいを別にして、『学習指導要領』は社会の鏡である。たとえば経済の高度成長がはじまろうとしていた昭和三〇年代の前半に、フル・モデルチェンジといってもいいような三回目の改訂がなされた。それをきっかけに社会科の授業時間数が減らされ、その分理数系の教科の時間数が増え、内容もまた高度になった。その一方同じこのときに、敗戦後一〇年をすぎた時代に合わせるかのように週一時間の「道徳の時間」が設けられるように決められた。さらにくわしく戦後の歴史と突き合わせていけば、社会の生産力の高まりと社会の秩序維持の両面にわたり、それぞれの『学習指導要領』が時代の要求を先取りしてきているのが見て取れるはずである。

[2] 基準の正当化と「新しさ」

しかし、『学習指導要領』自体にはそうした時代の要求についてはいっさい触れられていない。そこに記載されているのは、教育課程を学校がつくっていくときの全般的な留意事項と、教科ごとの年間授業時数と、各教科と道徳と特活の目標および内容だけである。これ以外のことは書かれてはいない。文章そのものはそれほど含みのあるものではないし、格別難解というわけではないが、すみずみまで読んでも細かいことは分かっても全体像がはっきりしてこない。ちょうど保険証書の裏側に記載されている定款事項を読むときのようなものである。しかも書かれている内容は改訂のたびに簡略になってきていて、いまでは箇条書きのような体裁になっている。あまりに羅列的なため、行間から書き手の真意を読み取ることも難しくなってきている。

それは『学習指導要領』それ自体には肝心なことが書かれていないためである。肝心なことといえば、何といってもそこに示されている基準がなぜ必要になったのか、なぜそうした基準でなければならないのかということであろう。要するに基準の正当化である。すくなくとも、記載されている基準がすべて満たされたとき、その教育からどういう人間が出来上がってくるのかの完成図ぐらいはほしいところである。そのように配慮されていれば、細部の意味づけも少しは容易になるであろう。しかしこれらのことについて説明や弁明は一行も盛り込まれていない。文書の全体が基準の告示としてだされているのみなので、喩えていえばお触れ書きのようなものなのである。

こういう事情は日本だけのことではない。イギリスではイングランドとウェールズを対象地域として、一九八八年からイギリスの教育史上はじめて各学校の教育課程の国家的な基準が決められるようになった。その「ナショナル・カリキュラム」でも、教えられなければならない教科とその内容が書かれているだけである。示された内容に従って、生徒たち一人ひとりの到達度を測る国家試験も実施されることになった。それでも、「ナショナル・カリキュラム」に示された基準の正当化については触れられてはいない。「なぜ、これでなければならないのか」という疑問に応えようとしていない点でも、日本のばあいと事情がよく似ている。

そこで、読み手の側からすると、各種の解説文を頼りにしなければ『学習指導要領』の真意が読み取れないことになる。解説者もまた、これまでの改訂作業の道のりなどをたどりながら、『旧・学習指導要領』にはみられなかった新たな改正点に人びとの注意を向けていく。その部分の意義と問題点を、学校現場の一般的な状況をバックにして浮かび上がらせていく。その上で、今の学校の状況を変えていくために今回の改正が必要であるとしたり、反対にそれでは不充分であるとしたりして、それぞれにコメントを添えていくのである。どのような立場からコメントが加えられるにしろ、『新・学習指導要領』で脚光を浴びるのはつねにその「新しさ」である。「新しさ」をどのように評価するかが争点にもなる。しかし、それもまた一〇年もたてば、また別の「新しさ」によって塗り替えられていき、争点も移っていく。この繰り返しがそのつど学校を活性化させてきたことは確かである。しかしその反面では、同じこの繰り返しが、行政の側と実施主体である学校の側に無責任な体質を温存させてきたことも確かなのである。

［3］　無責任体質と企業の論理

学校の教育課程はなぜ、今この時期につくり変えられなければならないのか。基準となる『学習指導要領』は今のままでどうしていけないのか。この「なぜ」「どうして」の疑問に応えようとしていない。そうした根本的な議論は、『学習指導要領』そのものとは切り離されている。それは告示という形態を採る以上しかたのないことであるとしても、それまでの一〇年間まがりなりにも通用していた『旧・学習指導要領』に対して、収支決算をどこかできちんと公表していくことは求められてよいであろう。それがだされないまま『新・学習指導要領』の「新しさ」に注意が向けられ、それによって改訂の理由づけにかえられていく。『旧・指導要領』に誰も責任を取ろうとしないところに無責任さがあるのである。

今回の改訂から一〇年前にだされた『学習指導要領』は、「新しい学力観」を掲げてて鳴り物入りで登場した。それ以前の指導では知識と技能のみで学力を測ってきたが、この点をあらためて意欲、態度までもふくめて学力を全体的にみていく。そうすることで、これまで「おちこぼ」されていた子どもを救いだすことができる、と解説がなされていたのはまだ記憶に新しい。また「自ら考える」「生きる力」などのキャッチ・コピーも、今回の改訂によってはじめて登場してきたわけではない。

前回の改訂の際約束されていた業績見込みは、一体どうなったのであろうか。もしそれは達成できなかったというなら、いや実際にはかなりの負債を抱え込んでしまっているようであるが、その責任は誰が負うべきなのか。文部省が公表した調査（平成一〇年一一月一三日発表）によれば、小学生の三割、中高生の六割が依然として「授業が分からない」といっているという。こうした負債が清算されないうちに、新たな公的資金の投入が提案されている。これが民間の企業ならば、ずいぶん放漫な経営であるといわれてもしかたがないであろう。いやそうした累積赤字をいっきに清算するためにこそ、新たな『学習指導要領』への切り換えが必要なのである、と反論がだされるかもしれない。いわれる通りなのかもしれないが、その前に、「授業が分からない」生徒たちをこれほどまでに増やしてしまった状況を、これまでの『学習指導要領』との因果関係で明らかにしていくことが先決である。やはり予算の承認の前には決算の審議が不可欠なのである。

こうした企業の論理ではとても立ち行かないような経営方針がつづけられてきた。それが正されないできたのは、『学習指導要領』に関してこれまであまりアカウンタビリティーが意識されてこなかったからである。つまり「理由説明の義務」である。それは『学習指導要領』の読み手の側の学校にも問われることであるが、それにもまして書き手の側の行政サイドに問われなければならないことである。『新・学習指導要領』への切り換えがなぜ、今必要なのか。その正当化をきちんと示すことは誰よりも書き手の側の責任である。今回の改訂には間に合わなかったが、今後の『学習指導要領』にはこの点が盛り込まれることが期待される。

とりあえず、今回の『学習指導要領』の改訂は一体何によって正当化されるのであろうか。それは現在すすめられている社会改革との関連をはずしては考えられないはずである。

[4] 社会改革と『学習指導要領』

今回の『学習指導要領』の改訂が、二〇〇二年度にはじめられる学校週五日制に向けての準備であることは間違いない。週あたりの授業時間数が減る。それに備えて各教科で教える内容も減らしていかなければならない。これが、「精選」にかえて「厳選」という名目をもちだしてまで教育課程の基準を書き換えなければならない理由のようである。時間が減る、だから内容も減らす。こうした実務サイドの理由づけはそれなりに分かりやすい。溯って学校はなぜ週五日制になるのかと問われても、学校に勤務する者の実働日数が他の職場に勤務する者なみになるからである、と答えれば過不足ないであろう。もちろん、これで土曜も日曜もない小売業や農水産業に従事する者をふくめて、すべての人に納得してもらえるかどうかは別の問題であるが。

ところが、学校を週五日制にして授業時間数を減らし教科内容も減らしていくのは、子どものためであるといわれるときがある。それは、子どもの生活に「ゆとり」をもたらし、子どもに「生きる力」を付けていくためであるというわけである。このようにいわれてもすぐには呑みこめまい。こうした非実務的な理由づけでは、学校週五日制の完全実施をなぜそれほど急ぐかの説明にはならないからである。ふつうの人の言語感覚からすれば、「ゆとり」といえば何よりも時間のゆとりのことである。それゆえ、ゆとりをもたらしたいのならば時間を増やせばよいまでで、五日制の完全実施はこの趣旨に逆行していることになるであろう。学校週五日制が「おちこぼれ」をさらに深刻にするのではないかという心配は決して杞憂ではない。これには、充分に納得がいく説明がまだだされてはいない。

ところが、学校の内部では非実務的な理由づけでも結構成り立ってしまう。カッコ付きの「ゆとり」も、物理的な時間の余裕を指すだけではないことになっているからである。教育関係者のあいだでは、それは「心のゆとり」までも指している。こうした業界用語で内輪は納得し合っている。しかし、その限りでは教育改革を社会改革の一環としてすすめていく理由づけにはならない。あまりにも社会の現実から離れたところで理由づけがなされているからである。教育の現実を教育関係者の専門性に訴えて自前で改革していこうという発想自体が、今問い直されようとしているのである。学校もビッグ・バンの時代に入ろうとしている。内輪だけではなく、外に開かれた理由づけが成り立たなければやってはいけない時代なのである。学校には、毎年莫大な公費が投入されている。その財源は、学齢期の子どもがいない人や自分の子どもをもたない人からも徴収される。日本の税制には「教育税」という品目がないから表沙汰にはならないが、実際にはすべての人がそれを支払っている。いつまでも説明不足のままで『学習指導要領』が書き換えられていくという時代ではなくなってきている。

第一二講　二〇〇二年、学校ビッグ・バン

[1]　学校のスリム化

新たに改訂された『学習指導要領』では、二〇〇二年度にはじまる学校の完全週五日制をにらんで、教育内容の大幅な削減が打ちだされている。およそ三割の内容が削られたり、上の学校に繰り上げられたりしたといわれている。これまでも、知識の詰め込みはどうにかしなければならない問題とされてきた。今回はそれだけではなく、教育の機能が学校に集中しすぎてきたことも反省材料となっている。教育の機能を、地域や家庭に戻そうというのである。日数だけで計算すれば、教育の機能の配分は学校と地域・家庭とのあいだで、六：一の割合から、五：二にあらためられること

になる。

もちろん、教育の機能はこのように比率で表わせるほど単純なものではないであろう。だいいち教育の機能といっても、絶対量が決まっているわけではない。機能の中身についても同じようなものを指しているわけではない。そのため教室で授業がなされているときの教育と、家庭で親が子どもと一緒にすごしているときの教育を機能の比率で表わすこと自体が無理なことである。学校の外でなされる教育については、『学習指導要領』のような国の基準があるわけではない。それだけに、学校の外での教育がどういう機能をもつものになるかは、やり方しだいで大きな差がでやすい。その教育を子どもとの触れ合いの機会にしていく親もいるであろう。自分では担わずに、塾のようなところにゆだねてしまう親もいるであろう。好ましいとはいえないことでも取り締まるわけにはいかない。学校の外での教育は、やはり親の権限と責任でなされる外はない。それだからこそ、教育の機能としてさまざまな現れ方をしてしまうのである。配分比をあらためればよくなるというものでは決してない。

私立の学校の教育も、保護者の意思と理解の上に成り立っている。そのため、土曜日がこれまで通り登校日とされていくこともあり得る。能力の高い生徒だけを入れている学校では、『学習指導要領』で配列された内容を学年を飛び越してでも教えていくであろう。『学習指導要領』ではミニマムの基準が示されているだけである。マクシマムの基準については何か枠にあたるものがあるわけではない。「これ以上は勉強をさせてならない」というようなシーリングは、もともと教育にはなじまないものである。実際に、それぞれの学年に配当されている以上の内容を時間を上乗せして教えてもらえるのが私立学校の存在価値なのである。一貫校は最たるものである。

そうであるから、今回の『学習指導要領』で打ちだされた《学校のスリム化》は、事実上は公立学校の教育をターゲットにしている。アフター・スクールの教育はもとより、私立学校の教育もまたスリム化していくどころではない。私立校はこのチャンスをフルに活かして、いっそうの充実策を講じていくにちがいないし、公立校との相対的な比較では《スリム化》どころか《ファット化》していくことになるであろう。少なくともそういう可能性を今回の『学習指導要領』は開いた。

[2] 公立校の魅力

教育課程の基準は、公立の学校の教育課程を想定しながら立てられてきた。そのため、一部の生徒がつまずきがちな内容はこれまでも極力除かれてきた。その上さらにスリム化されるとなると、その分の教育はどこかで埋め合わされなければ不安がつのる。親の責任と負担で選択しなければならない範囲がそれだけ増えるということである。子どもの将来の進路を実質的に決めるのは、この身銭を切って選択された教育の方に託されていく。誰でも習得できることでは差がつきにくいからである。このようにして、学校教育はもはや公立学校の独占事業ではなくなってきている。公立学校はこれまで護送船団方式のような横ならびで、水準をミニマムのところに揃えてきた。今回のスリム化が実施されれば、水準はさらに落とされることになり、保護者からすれば「授業料がただ」というメリットでさえ魅力ではなくなってくる。公立学校は、少子化の波に加えて、ビッグ・バンの波をも被ろうとしている。

なぜ、これほどまでに公立校は魅力を失ってきたのであろうか。それはミニマムの基準を共通の水準としてきたためである。画一的な水準のもとでは、「特色ある学校づくり」が魅力の回復につながるかどうかは疑わしい。公立高校のばあいでも、公立指向がまだ強く残っているのは、学校間の序列がはっきりしているような地方だけである。反対に序列化を除こうとしたところでは、「特色ある学校づくり」をすすめても公立離れになかなか歯止めがかからない。公平・平等ということが公立校の存在価値として魅力ではなくなってしまったのは、何とも皮肉なことである。

公立中学のばあいは、通学区域制が敷かれ教員の人事交流もある。そのため序列化さえ容易にはできない。有名高校へのわずか数パーセントの進学率のちがいや、荒れなどの問題のあるなしで評判に差をつけるくらいである。そうであるから、公立校どうしのあいだでは、差異化を図る努力自体が一定の枠内でのことにすぎない。それが公立校の魅力を思いっきり引きだすのを妨げている。

それでも長い目でみれば、公立校は教育の機会を均等にすることで国民全体の教育水準を底支えしてきた。その点は正当に評価されてよいことである。「おちこぼれ」の生徒をできるだけつくらないようにしてやりたい。そういう配慮が、今回の『学習指導要領』の書き手の側にもスリム化への動機としてはたらいている。それは充分理解できることである。しかし生徒たちの実態に合わせようとするあまり、あるべきすがたを見失ってこなかったであろうか。生徒たちを一体どこまで高めようとするのかを明確にしてこなかったのではないか。要するに目的論の欠落である。酷なようでもこの問題はやはり指摘せざるを得ない。このまま実態論をベースにして教育課程の基準がつくられつづけていけば、日本の公立校もイギリスの公立校がたどった道のりをたどることになりかねない。

[3] 二重システム

イギリスでは、上級学校への進学志望を強くもつ者と、それほどではない者とを早いうちに選り分ける傾向がある。それほど強くもたない者はそのまま公立校、つまりステイト・スクールに入る。一方進学志望を強くもつ者は私立校、つまりプライベート・スクールの方に回る。私立校が有償であるのはいうまでもない。端的にいえば、特別の志望をもつ者は自前で学校を選んでほしい、そうでない者については国が責任をもつ、ということなのである。この《二重システム》は、イギリス社会の伝統的な階層制のなごりで、今なおこのシステムによって階層制が再生産されている。もっとも通学区域制度のしばりが強くはないので、公立校のあいだでも差異化がすすみ、そこにも《二重システム》ができあがっている。これらの《二重システム》の解消は、イギリスでは総選挙のたびに争点の一つとなってきた。労働党は長年それの解消を主張してきたが、労働党が政権の座についた今も、それは完全には解消されないできている。

よく似た事情に日本の学校制度も直面している。国は国民全体の教育に対して責任をはたしていかなければならない。その一方では、特別の志望をもつ人びとのための教育も用意しておかなければならない。つまりエリートの教育である。この二つの教育を、国は公平・平等をたてまえとする公立校にどこまで担わせていくことができるのであろうか。いや担わせていくつもりなのであろうか。もしそういうことはすでに断念してしまっているというならば、日本の学校も《二重システム》への道をたどる外はないのである。

そうしたシナリオははたして止められるものなのであろうか。今がその正念場である。今回の《学校のスリム化》はそれに対する対抗策というよりも、《二重システム》への地ならしになってしまう公算の方が強い。そこまでを見通して今回のスリム化が打ちだされているとは考えにくいが、気がついたら《二重システム》が出来上がってしまっていたというのが最悪のシナリオなのである。

さすがに、小学校や中学校をふくめて学校をすべて私企業にしてしまえ、というような乱暴な議論は聞かれない。それは学校がいとなんでいること、つまり教育が一律に私企業にゆだねられたとしたら、とんでもないことになってしまうからである。公立校、私立校のどちらでいとなまれようと、教育が公共事業であることには変わりがない。それだからこそ私立校も公的な助成の対象になるのである。問題は公立校と私立校の併存である。今のまま公立校離れがすすみ、私立校の比重が大きくなったとき、公立の学校だけを想定して教育課程のミニマムの基準だけをつくっていけば、どういうことになるであろうか。その結果は『学習指導要領』自体が実効力の乏しいものになってしまい、そこに示されている基準も虚像としてしか受け取られなくなってしまうということである。

[4] 教育改革の思想

今でも『学習指導要領』に描かれているのは「虚の教育課程」である。大枠のみが示されていて中身がうつろという意味である。中身をどう埋めていくかが大切であるが、それはスリム化の方針とともにいっそう学校現場の方にゆだねられることになった。今回の改訂で教科の必修時間はかなり削られたが、中学校の選択教科のための時間はむしろ幅が拡がった。新しく設けられた「総合的な学習の時間」には、数学の必修時間にも匹敵する時間があてがわれている。このように学校の裁量で中身が埋められるような領域を増やしていくことが、現在進行中の教育改革の基本路線のようである。同じようなことは中央教育審議会（中教審）の答申の「地方分権」の方針にもみられるし、「通学区域制度の緩和」などにもみられる。これらの流れは《規制から選択へ》というように受け取ることができるであろう。地方、学校、保護者。そういう実施主体の側の選択によって教育の中身を埋めていこうというのである。ただし、この流れ自体を「教育改革」と呼ぶのはいかにも無内容である。

あたり前のことであるが、「改革」が唱えられる以上何か青写真にあたるものがあるはずである。そういう見通しがなくて、ただ現状を変えなければならないというのでは、「改革」の名に価しないはずである。こんにちの教育改革は、しかしこれに近い。ともかく現状を改革していかなければならない。その切迫感が脅迫感にさえなっている。

肝心なのは、改革が完了した後一体どういう状況が現出することになるかである。それをめぐっての論議と合意の形成に、今はもっと時間をかけるべきときである。それがなされないまま二〇〇二年に至ってしまえば、学校は文字どおりビッグ・バンの時代を迎えることになる。学校は公立、私立のバリアが低くなり、ともに選ばれる側に回る。しかし選ぶ側にもそれぞれ自己責任が重く負わされていく。

そうすることによって学校はよくなる、という楽観論もあり得よう。しかし、それはよほどの市場第一主義者でなければ抱けまい。市場は売り手の側にも買い手の側にも勝者とともに敗者を生みだす。セーフーネットを公共のコストで手厚く張っていくこともなく、いっさいをそうした苛酷なメカニズムにゆだねてしまうようなことをしてしまう前に、人びとの英知によってソフト・ランディングしていくことはできないものか。思想の真価が問われるのはこれからなのである。

あとがき
——思想（イデア）としてのリベラリズム

多元的社会の現実化

三年前にだした前著（『現代イギリス教育哲学の展開』勁草書房、一九九七年）では、サブタイトルとして「多元的社会への教育」という表現を付しておいた。前著の主題は、一九八〇年代までの英米の教育哲学の傾向を追跡することであったが、その際、分析主義の教育哲学から規範主義の教育哲学への転換を促した教育現実の変化を、理念的な意味を込めて「多元的社会への教育」として特徴づけておいたのであった。ところが、その後一九九〇年代に入ってからの教育哲学は、「多元的社会への教育」（Education *toward* the pluralist society）を現実の課題として取り組まなければならなくなった。本書は、この現実化した「多元的社会の教育」（Eduaction *in* the plural society）との対決を、リベラリズムの教育哲学に寄り沿って追跡したものである（'pluralist society'と'plural society'との相異については第六章[3]を参照のこと）。政治や経済などの社会システムと同様に、教育にとっても一九九〇年代は節目の年代にあたっている。教育の問題を他の社会システムの動きと無関係に論じていくことがリアリティーを失ってきているのである。本書の趣旨も、教育の孤塁を守るというよりも、社会の他のシステムと通底するコンテクストのなかで教育のあり方を探っていくことにあった。

それともう一つ、今回もイギリスの教育哲学を手懸かりの一つにしているが、前著とはちがって本書ではフィールド・ワークを意図してはいない。というのは、一九九〇年代に入って以降、多元的社会の教育は先進工業国に共通するグローバルな現実となっているからである。教育改革がどの国でも焦眉の社会的課題になっているのがこれを証明している。この現実的な課題から日本の教育も免れることはできない。

日本のばあい、教育改革を学校教育の方法論、内容論、制度論などの技術面に局限してみていく傾向がまだ強い。教育改革の焦点に学校改革が置かれているのは確かである。しかし教育改革自体が社会の構造改革の一環であり、特に今回のそれは多元的社会の教育を視野に入れてすすめられている。この点で、一九八〇年代の臨教審の頃と較べても、教育改革がたんに学校をターゲットにした新保守派（ニュー・ライト）の巻き返しには尽きないことが一段とはっきりしてきた。日本を代表する教育哲学者の一人の上田薫氏が、かつて教育哲学会のシンポジウム「教育哲学は教育改革にどうアプローチするか――教育改革の理念を問う――」での提案を次のように締めくくったのは、臨教審当時の教育哲学者のスタンスを象徴しているように思う。上田氏はこう発言していた。「現実に存在する教育改革に適当に近寄って、どこかもっともらしい役割はないかとさがしてみるようなひよわな姿勢を根底から駆逐しないかぎり、教育哲学の存在理由は破滅するほかないにちがいない」と（上田［1988：22］）。

上田氏からすれば、教育哲学者は、たとえ批判者の立場からであっても、政治的な改革論議に加わるようなことをすべきではない。仮に教育哲学者が貢献すべきことがあるとすれば、それはこの種の政治的な論議が前提にしていること、つまり「政治と教育とのかかわり」を問い直していくことである、というのである。政治の次元の改革論議から一歩身を退いて、「政治の不当な教育支配」それ自体を教育の実践者の自立した努力の側から告発していくこと、そこに教育哲学の「普遍的課題」があると上田氏は主張したのであった（上田［1988：19］）。

しかしこんにち問われなければならないのは、「政治の不当な教育支配」ということよりも、もはや政治の一元的な支配に収束していかない社会それ自体の多元性である。リベラリズムの教育哲学が重要な関わりをもってくるのも、社会の多元性が教育のいとなまれ方に対して、教育学がこれまで追求してきた「普遍的課題」をもってしては対応できなくしているからである。教育本質論、目的論をふくめて、教育学は今組み替えを迫られている。

そこで本書では、教育をできるだけ社会のコンテクストのなかに置き直してみようとしてきた。

社会のコンテクストのなかであらためて教育の課題を立てていこうとすると、まず何より直面するのは教育に懸ける各方面からの期待や要求の多様性であろう。現代教育はこの多様性から出発していく外はないのである。リベラリズムの教育哲学もそこから出発し、そこへと回帰していく――いい換えれば、一元的な解決策を示すことで使命を全うしようとはしない――が、この往還の道程で「多元的社会の教育」の《枠組み》を明らかにしていく。この意味でリベラリズムは、すべての人の立場を相対化してしまう現代社会にあって、《多様性》自体を価値として祀り上げてしまう安易な処世法とも異なり、《多様性》をそのなかに納める《枠組み》の構築を求めつづけていく思想（イデア）である。

それにしても、ポスト流行りの現代である。リベラリズムに対してさえ「ポスト・リベラリズム」が主流派を形成しかねない時代である。そうした現代にあって、リベラリズムに思想としての実用性が今なおある／もはやないことを示そうとすれば、挙証責任はやはり批判者の側より擁護者の側に負わされることになるであろう。

思想の擁護

経済史家であり、マックス・ウェーバーの研究者でもあった大塚久雄氏は、思想を《転轍手》に喩えたことがある（大塚［1969：560］）。列車の運行を、ある路線から別の路線にガチャンと切り換えるあの《転轍手》である。歴史の流れも、列車の運行と同じようにある種の慣性の法則に従っており、必然的に推移していくから無理やり押し止めるわけにはいかない。だが、流れを別の方向に変えてしまうようなことはあり得るし、現にあった。そういうとき《転轍手》の役目をはたしてきたのが思想である、と大塚氏はいうのである。

過去を振り返れば、プロテスタンティズムの信仰とマルクス主義の歴史観はその最たる例といえよう。この二つが、それぞれ歴史の流れを資本主義の時代と社会主義の時代へと大きく方向づけていった。それは今でも社会思想史の常識といえよう。この二つに匹敵するほど大きな思想ではないが、進化論の思想が社会改良への取り組みに弾みを付けたことはよく知られている。さらにそこからナチスの人種的優生思想のような、人びとをホロコーストへと誘い込んでしまったとんでもない思想も派生してきている。これらもまた、思想が人類史を左右するほどの影響力をもった例である。

もっとも大塚氏が思想を《転轍手》に喩えたとき、思想とはたんに個人の想い着きや観念だけを指すのではなく、「エートス」などとも呼ばれる時代の精神をも指していた。いずれにしろ大塚氏が繰り返し強調したのは、そうした思想が社会の下部構造や人びとの利害関係を反映したものではないということ、いい換えれば、思想には「現実の利害状況から相対的に独立した自律的な動き」（大塚［1969：564］）があるということであった。そういう意味でのリベラルな思想を見失えば、人びとは現実の利害感覚だけで動くより外なくなってしまう、というのである。

しかしその反対に、これまでに《転轍手》として役割をはたしたことのある思想が、過ったドグマとして歴史の審判を受けることもある。人びとを理想の共和国の建設に駆り立てたユートピア思想が、実は人びとを支配者に拝跪させていく道具にすぎなかったというようなことは、ジョージ・オーウェルの『動物農園（アニマル・ファーム）』に描かれた寓話の世界だけのことではない。そういう苦い教訓を二〇世紀の人びとは二度にわたる世界大戦と、ファシズム国家や社会主義体制の建設・崩壊の道程を通して味わってきている。そのため、人びとは思想に操られることに警戒するようになってきた。現代では人びとは自分自身が思想をもつことにも臆病になってきている。一貫した思想をもちつづけることよりも、その場その時の「現実の利害状況」に対する感覚と、何がしかの公平感をもち合わせていれば、いや、そうした現実即応の生き方をしていた方が、少なくとも他の人や権力に騙されることはない。そういう脱思想化の時代がすでにはじまっている。

思想の相対化に抗して

「イデオロギーの終焉」が囁かれてすでに久しい。それが一九五〇年代から六〇年代にかけてD・ベルやS・M・リプセットらにより唱えられたとき、人びとのあいだには科学と技術の効用に対する絶大の信頼があった（ベル［1969］）。科学と技術の進歩は社会の成長をどこまでも促してくれる。そしてそれの推進力は社会体制を超え、イデオロギーを超え、思想を超えて誰の手のもとでも同じようにはたらいてくれる。それゆえ思想によって科学・技術をコントロールしていく時代は終わった、というのである。しかし、このようにテクノクラートのはたらきを自立した活動とみるのも一つの思想にすぎず、そのことに人びとが気付くまでにはそれほど時間を要していない。一九七〇年代になると、トーマス・クーンのパラダイム論は科学もまたある種の思想圏を構成しながら進歩してきていることを明らかにしたし、ポール・K・ファイヤアーベントのように、科学理論自体に相対主義の見方をあてはめてみるラジカルな論者も現れている（クーン［1971］ファイヤアーベント［1981］）。思想にかわって科学に絶対的な超越者を求めようとするのは、科学をちょうど《神学》視するようなものである。それは中世の人びとが占星術に世の中の動きを託したり、アニマル・ファームの《住民》が共和国のリーダーを信じて疑わなかったりしたこととメンタリティーは少しも変わらない。

そういうことが次々に暴かれてきているのが現代である。それにともない、人びとは思想というものをもはや信じる対象とはみなせなくなり、少し距離をおいて問い直しの対象とみるようになってきた。これまで支配的であった思想、あるいはそれを拠りどころにして自分自身の《生》がいとなまれてきた思想を問い直し、それの通用性を歴史的に限定して《近代思想》として相対化していく。そのようにして相対化された思想が、もはや信じる対象ではなくなるのは当然であろう。そういう思想の相対化と脱主体化が、ときには思想のファッション化を招きかねない危うさを孕みつつ活発に展開されている。それが《現代思想》である。その《現代思想》のうねりが教育理論の研究にも押し寄せてきて、ポスト・モダンの教育が人びとの関心を集めるようになってきている（宮寺［1997b］）。

本書の目論見は、そうした思想のファッション化の風潮のなかで、敢えて役に立つ思想を求めてそれをリベラリズムの教育哲学に即して例証しようとすることであった。リベラリズムという半ば手垢の付いた思想に、多様な現代思想を捌いていく《転轍手》の役割を負わせるのは酷なことかもしれない。しかし、海図なき航海の行方を導く星として、なおリベラリズムに近代、現代を貫く思想の源泉を本書では求めてきた。その当否の判断は、やはり現代社会の多様性、多元性のなかにゆだねていくより外はないであろう。

本書を構成する章、節のうち、既発表のものは次の通りであるが、いずれも大幅に加筆している。

第Ⅰ部　社会と教育
第一章　現代教育とリベラリズム教育哲学　書き下ろし。
第二章　多元的社会と寛容社会
[1]　価値の多元化と多文化教育　書き下ろし。
[2]　寛容社会と卓越主義的リベラリズム　筑波大学人間系学系寛容社会プロジェクト『寛容社会における人間像の構築――競争社会から寛容社会への転換期における人間能力に関する総合的基礎研究(二)』（一九九八年三月）所収。原題『寛容の基礎論としての卓越主義（perfectionism）――懐疑論、相対主義を超えて――』
第三章　教育目的論の可能性　近代教育思想史研究会（現・教育思想史学会）『近代教育フォー

ラム』第二号（一九九三年一〇月）所収。原題「教育目的論の可能性——教育目的の正当化論を求めて——」

第II部　教養・選択・価値

第四章　教育学教養の社会的拡大　日本教育学会『教育学研究』第六六巻第三号（一九九九年九月）所収。原題「教育学における教養——その拡充とリベラリズム哲学の関わり——」

第五章　教育の選択と社会の選択

[1]〜[7]　筑波大学教育思想研究会『教育と教育思想』第一八号（一九九八年三月）所収。原題「教育における選択」

[8]〜[13]　書き下ろし。

第六章　多元的社会の現実化と教育哲学の展開　書き下ろし。

第III部　教育改革の思想と課題　月刊『学校事務』学事出版（一九九八年四月号から一九九九年三月号）所収。原題「『教育改革』の思想史」

本書を仕上げるにあたりいろいろとご教示いただいた方は数多いので、一人ひとりに謝辞を述べていくのは控えるが、学会誌などで前著（『現代イギリス教育哲学の展開——多元的社会への教育

――』）の書評の労をとってくださり残された課題を示してくれた方々、特に下村哲夫氏（早稲田大学）、林　泰成氏（上越教育大学）、松浦良充氏（明治学院大学）、山崎高哉氏（京都大学）には名前を挙げて感謝しなければならない。本書第Ⅰ部・第三章で、その優れた論考を分析の対象として取り上げさせていただいた原　聡介氏（目白大学）には、長い年月にわたるご指導とともに深謝したい。また、上で記したように、第Ⅲ部は月刊誌に連載されたものにもとづいている。一年間執筆の機会を与えてくれた『学校事務』誌の編集者、山口克夫氏にも謝意を表わしたい。

本書収録の論考の多くは、草稿の段階で若い研究者、院生、学生の皆さんのきびしい討論に付され、しばしば加筆を余儀なくされた。ラテン研究会の会員、および筑波大学の大学院博士課程教育学研究科「教育哲学特講」、人間学類「現代教育論演習」、「教育理論研究会」の各受講生にお礼をいいたい。

最後に、本書は勁草書房編集部次長、町田民世子氏の熱心なお勧めにより日の目をみたものである。町田氏には前著のときもお世話になったが、今回は特に「教育の専門家だけではなく、それ以外の専門の人にも読んでもらえる教育哲学を」という注文が付けられた。日頃から挑発しつづけてくれている町田氏と、今回実務を担当していただいた松野菜穂子氏に、衷心より感謝申し上げる。

二〇〇〇年　盛夏

宮寺　晃夫

人名索引

あ行
アーノルド Arnold, M.　100
アリストテレス Aristotle　71
アレント Arendt, H.　259
イリッチ Illich, I.　266
ウィリアムズ Williams, B.　46
ウェーバー Weber, M.　31,297
ウォルフォード Walford, G.
136f.,143ff.
上田　薫　295f.
宇沢弘文　101f.,205ff.
井上達夫　5
オーウェル Orwell, G.　198f.,299
大澤真幸　8
大田　堯　124
大塚久雄　297f.

か行
勝田守一　68ff.
ガットマン Guttmann, A.　25n.,
104,130,159n.,174ff.
カント kant, I.　25n,89
ギンタス Gintis, H.　215ff.
クーパー Cooper, D.　222ff.
クーン Kuhn, T.S.　300
ケネディー Kennedy, J.F.　215

さ行
サッチャー Thatcher, M.　152
サンデル Sandel, M.J.　88
シェフラー Scheffler, I.　163
シュプランガー Spranger, E.
230f.,233
ジョンソン Johnson, A.　215
スプリング Spring, J.　216
セン Sen, A.　14

た行
堤　清二　18f.
ディルタイ Dilthey, W.　26n,73ff.
デューイ Dewey, J　18,76ff.,101f.,
129,176,197,213,215,218,266
デュルケム Durkheim, E.　68
ドゥウォーキン Dworkin, R.　25n.,
44,48,106ff.,114
トゥロイナ Troyna, B.　35
トラップ Trapp, E.C.　71

な行
ナトルプ Natorp, P.　76
ニーチェ Nietzsche, F.W.　225
ノーマン Norman, R.　6

は行
ハイエク Hayek, F.A.　10,16,
198ff.
ハーグリーブス Hargreaves, D.H.
143ff.
ハーシュ Hirsch, E.D.　217f.
ハースト Hirst, P.H.　99,231ff.
ハバーマス Habermas, J.　81ff.,
89

原　聡介　65ff.
バーリン Berlin, I.　104f.
ピーターズ Peters, R.S.　77ff., 83, 90n., 99f., 163, 184
ファイヤーベント Feyerabend, P.K.　300
ファインバーク Feinberg, W.　26ff.
福沢諭吉　197
フクヤマ Fukuyama, F.　168
ブレア Blair, T.　152
フリードマン Freedman, M.　102, 204f.
ブルーム Bloom, B.　26n, 226
ブルデュー Bourdieu, P.　14
ベイカー Baker, K.　152
ヘーゲル Hegel, G.W.F.　122
ヘイドン Haydon, G.　176ff., 189
ペスタロッチ Pestalozzi, J.H.　197
ヘッフェ Hoeffe, G.　58
ベル Bell, D.　299
ヘルバルト Herbart, J.F.　25n, 70f., 72, 75
ボウルズ Bowles, S.　215ff.
ホートン Horton, J.　38ff.
ホワイト White, J.　111f., 168, 182ff., 189, 192n., 258
ホワイト White, P.　111f., 168ff., 189, 190n.

ま行

マキャベリ Machiavelli, N.　80, 88
マッキンタイヤー MacIntyre, A.　8, 88, 108, 208f.
マルクス Marx, K.　140
ミル Mill, J.S.　50, 77, 128, 130
森　昭　64f.

ら行

ラズ Raz, J.　44ff., 112ff., 132f., 159n.
リプセット Lipset, S.M.　299
ルソー Rousseau, J-J.　105
ルーマン Luhmann, N.　81, 84f., 89
ロールズ Rawls, J.　8, 44, 105f., 172

事項索引

あ行
アカウンタビリティー　239ff.,281
アカデミック・フリーダム　103f.,107
天下る目標　56,63,67,77,85,88
アンドラゴジー　97,121
イスラム教　9,29,33
エクセレンス（優秀性）への教育　225f.
オプト・アウト　12

か行
懐疑論（スケプティシズム）　42ff.,47
概念分析　78,91n.,163,166
格差原理　105
学社融合　211
学習、学習のネットワーク、シャドーな学習　14,20f.,264,267
学習指導要領　278ff.,286ff.,292
隠れたカリキュラム　249
価値多元的社会　10,27ff.,31f.,34,38,45,54f.,62,79,86,115ff.,161,165,170,173,177ff.,189,234,294f.
学級編制　iii,219
学校化社会・脱学校化社会　266
学校週五日制　284ff.
学校設置権　273f.
学校のスリム化　285ff.,291
家庭教育　11,228f.
神々の争い　31
カルト　9
完成可能性　74f.
寛容、寛容社会　39ff.,52,117,121,180,259
寛容のパラドックス　46
規範的教育哲学　160ff.,176
逆平等　13
危害原理　128
稀少財としての教育　159
共育　50
教育改革　iff.,27,102,108,142f.,196f.,201,212f.,219f.,225,228f.261,263,265,292f.,295f.
教育改革国民会議　i
教育課程の目標管理　55f.
教育可能性論　66
教育基本法　ii,56
教育された公衆　108
教育と教授　180f.
教育の質　134,146,148,196,201,219ff.,225,239,271f.
教育爆発の時代　77,99
教育目的論　22,53ff.,65ff.
教育目標のタクソノミー　59
教育を受ける権利　11
共生社会　9,34
強制バス通学制度（バスィング）215
共同体主義　8f.,87ff.,174f.,208f.

教養　95ff.,217,225,251
共和主義　38
グローバリズム　22
計画化（プランニング）　200f.
形式語用論　82f.
ゲーム理論　16f.
権利　48ff.,132f.
行為論　73,75,80f.,84f.,89
公教育　11f.,58,101f.,201,220
高校改革　243ff.,248
公正（エクワティー）　136,203
厚生主義（ウェルフェアリズム）　44,105
公共財としての教育、公共財の配分　59,104,106,120f.,159,207f.,210
公共性　22f.,24,60,107,113ff.,232,234,259,274,276f.
公共選択　16,126,131
幸福（目的としての）　71f.,73
公民教育、政治的教育　158,170,172,191n.
公民的民主主義（シヴィック・デモクラシー）　171
公立校　12,145,152,210,220f.,272f.,276,288ff.,290f.
功利主義　52,61
心の教育　227ff.
個性化、個性化教育　ii,226,243f.
コミュニケーション的行為　82
コモン・カリキュラム　247
根本価値論争　58

さ行

再生産理論　215f.
三分立制　243
支援としての教育　112ff.,119ff.
私教育　11,58
シーク教　28ff.
私事性　59
市場原理、競争原理　90,102,136,150,206,220,228,239,241,254,271f.,293
システム論　73,77,80f.,84f.,86,89
社会主義　8f.,16,207
社会的希望　170
社会的共通資本　205ff.
社会的承認　11, 15
自由化　i,13ff.,196,226,262ff.,273
自由と平等　6f.,10f.,168,171,173
生涯学習、生涯学習社会　211,260ff.
消極的自由　104
少子化社会　260ff.,289
職業教育、キャリア開発　188,249ff.,255
初等教育　11,32,245,269
私立校　12,32,128f.,145,152,210,273,287f.,290f.
自律性　45,51,87f.,106,109ff.,115ff.,121,161,168f.
信仰と安全　28ff.
人種差別主義　157,215
人種的マイノリティー　9,35,54,153,161,276f.
進路指導　15,244,248ff.
ストリーミング　245ff.
正当化論　11,60f.,63,67,69ff.,73,79ff.,83,85f.,89
生の形式　231,233
設計主義的合理主義　16
セーフティーネット　254,293
選好、個人的選好・外的選好

48ff.,112,127,130
全体主義　8
潜在能力（ケイパビリティー）　14
選択、選択制、学校選択　iii,15,
31,49,62,107f.,109,124,117f.,
123ff.,132f.,142ff.,155,175,205,
209,237,241ff.,262ff.,271ff.,288
選抜、ランダムな選抜　iii,135,148,
149f.,152,221,263
総合性の理念、総合制　31ff.,52n.,
143ff.,152,155,242ff.
総合学科制　247ff.,271
相対主義（レラティヴィズム）
42ff.,60f.,109,116,300

た行

卓越主義的リベラリズム　18,44ff.,
52,112
他者性　7,16,132,210
脱人種化した言説　35
多文化主義、多文化教育　8,34f.,
38,151,153,157,218
単線型　ii,270
多様性　9,20,27,30,39,46ff.,59,
63,111,154,157f.,163,179,188,
243f.,249,297,301
知識の形式　232ff.
地方分権　292
チャーター・スクール　13,220
中等教育　11,31,155f.,166,243,
245
中等教育学校　269f.
中立性　24,108ff.,113,119,274ff.
ディスクルス倫理学　82f.
適性　246,271
転轍手としての思想　297f.,301
通学区域制度　ii,133,146,221,
235ff.,241f.,262ff.,271,289f.,
292
同性愛　9
道徳性　70ff.,73,75,109ff.
特色ある学校づくり　22

な行

内在的目的論　68,77,79
ナショナル・カリキュラム　280f.
二重システム　290f.

は行

配分、配分の正義・交換の正義
iii,7,11,14f.,17,23,130,132,
139ff.
バウチャー　13
パターナリズム　31,240
反人種主義　35
平等、平等主義　ii,13,15,25n.,
44,62,101,111,150f.,153ff.,
165,168,172,214,222ff.,226,
237,244,270
ヒンドゥー教　29f.
ファンダメンタリズム　9
負荷なき個体　88
福祉国家論　16
プライヴァタイゼイション　16,
21,23,201ff.
文化教育学　230
文化資本　14
文化的リテラシー　217f.
分析的教育哲学　62,77f.,162ff.,166
分離学校　161
複線型　ii,269ff.
ペアレンタル・チョイス　137,

209,221
奉仕活動、奉仕の志　257,258
ポスト・産業社会　183,186ff., 252ff.
ポスト・モダニズム　19,96
ボランティア活動　256f.,258

ま行

マグネット・スクール　138
民主主義、一人一票主義の民主主義　25,51f.,57,61,130,151,169f., 174ff.,270
モラル・マジョリティー　277

や行

養育放棄・児童虐待　240
善さに対する正しさの優位　60f.
善さのプライヴァタイゼイション　208

ら行

リヴィジョニズム　217
利他主義　105
リベラリズムの定義　4ff.
リベラル・アーツ　6,251
リベラル・エデュケーション　7, 61f.,99,103f.,107,231
リベラルな教育のアポリア　10, 17
臨時教育審議会　i,196,244,295f.
臨床教育学　96
労働中心性の仮説　183ff.

わ行

ワークとアクティヴィティー　183ff.,258ff.

文　献

アレント,H.　1973 『人間の条件』志水速雄訳　中央公論社。

アーノルド,M.　1869（1960）「教養と無秩序」『世界大思想全集　哲学・文芸思想篇 24』川田周雄・青木雄造訳　河出書房新社。

バーリン,I.　1958（1971）「二つの自由概念」生松敬三訳『自由論』みすず書房。

ベル,D.　1969 『イデオロギーの終焉―1950年代における政治思想の枯渇について』岡田直之訳　創元社。

Bloom,B.S.　1969 *Taxonomy of Educational Objectives,* David McKey.

———　1976 *Human Characteristics and School Learning*, McGraw-Hill.（梶田叡一・松田弥生訳『個人特性と学校学習―新しい基礎理論―』第一法規　1980年）

———　1982 *All Children Learning-a Primer for Parents, Teachers. and other Educators*, McGraw-Hill Book Company.

Bowles,S. & Gintis,H.　1976 *Schooling in Capitalist America-Educational Reform and the Contradictions of Economic Life*, Basic Books, Inc.（宇沢弘文訳『アメリカ資本主義と学校教育 1・2』岩波書店　1986, 7年）

ブルデュー，P；パスロン,J　1991 『再生産』宮島喬訳　藤原書店。

Cooper,D.　1980 *Illusions of Equality*, Roetledge and Kegan Paul.

Dewey,J.　1915 *The School and Society*, 2nd ed.,The University of Chicago Press.（市村尚久訳『学校と社会・子どもとカリキュラム』講談社　1998年）

———　1916 *Democracy and Education*, The MacMillan Company.（松野安男訳『民主主義と教育上・下』岩波書店　1965年）

Dilthey,W.　1888（1967）*Über die Möglichkeit einer Allgemeingültigen Pädagogischen Wissenshaft*, Kleine Pädagogishe Texte 3, Julius Beltz.

Dworkin,R.　1978 *Taking Rights Seriously*, Harvard University Press.（木下毅・小林公・野坂泰司部分訳『権利論』木鐸社　1986年）

——— 1983 Neutrality, equality and liberalism, in: *Liberalism Reconsidered*, ed. by D.MacLean and C.Mills, Rowman & Allenheld.
Feinberg,W. 1995 Liberalism and the aims of multicultural education, in: *Journal of Philosophy of Education*, vol.29, no.2.
ファイヤアーベント，P.K. 1981 『方法への挑戦：科学的創造と知のアナーキズム』村上陽一郎・渡辺博訳 新曜社。
Freedman, M.& Freedman,R. 1980 *Free to Choose-a Personal Statement-*, Harcourt Brace Jovanovich.（西山千明訳『選択の自由』日本経済新聞社 1980）。
藤田晃之 1997 『キャリア開発教育制度研究序説―戦後日本における中学校教育の分析―』教育開発研究所。
Gundara,J. 1982 Approaches to multicultural education, in: *Race, Migration and School*, ed. by J.Tierney, Holt,Rinehart and Winston.
Gutmann,A. 1987 *Democratic Education*, Princeton University Press.
——— 1993 Democracy & democratic education, in: *Studies in Philosophy and Education*, vol.12,no.1.
原 聡介 1992 「近代における教育可能性概念の展開を問う―ロック、コンディヤックからヘルバルトへの系譜―」近代教育思想史研究会『近代教育フォーラム』創刊号。
Haydon,G.(ed) 1987 *Education for the Pluralist Society: Perspectives on the Swann Report*, Institute of Education University of London.
——— 1997 *Teaching about Values*: a New Approach, Cassell.
——— 1999 *Values, Virtues and Violences: Education and the Public Understanding of Morality*, in: *Journal of Philosophy of Education*, vol.33, no.1.
ハバーマス,J. 1979 『晩期資本主義における正統化の諸問題』細谷貞雄訳、岩波書店。
——— 1991 『道徳意識とコミュニケーション行為』三島憲一・轡田収・木前利秋・大貫敦子訳 岩波書店。
Hargreaves,D. 1982 *The Challenge for the Comprehensive Schools-Culture, Curriculum and Community-*, Routledge & Kegan Paul.
——— 1996a Diversity and choice in School Education: a modified libertarian approach, in: *Oxford Review of Education*, vol. 22, no.2.

――― 1996b A Reply to Walford, in : *Oxford Review of Education*, vol.22, no.2.
ハイエク,F. 1944(1954) 『隷従への道―全体主義と自由―』一谷藤一郎・一谷映理子訳 東京創元社。
ヘッフェ,O. 1991 『倫理・政治的ディスクール：哲学的基礎・政治倫理・生命医学倫理』青木隆嘉訳 法政大学出版局。
ヘーゲル,G.W.F. 1807(1979) 『ヘーゲル全集5精神現象学・下巻』金子武蔵訳 岩波書店。
Herbart,J.F. 1806(1952) *Allgemeine Pädagogik, aus dem Zweck der Erziehung abgeleitet*, Kleine Pägagogishe Texte 25, Julius Beltz.
ハーシュ,E.D. 1989 『教養が国をつくる―アメリカ建て直し教育論』中村保男訳 TBSブリタニカ。
Hirst,P.H. 1965 Liberal education and the nature of knowledge, in : *Philosophical Analysis and Education*, ed. by R.D. Archambault, Routledge & Kegan Paul.
Horton,J. 1993 Liberalism, multiculturalism and toleration, in : *Liberalism, Multiculturalism and Toleration*, ed. by J.Horton, Macmillan.
ILEA 1984 *Improving Secondary Schools-Report of the Committee on the Curriculum and Organisation of Secondary Schools-*.
イリイチ,I. 1977 『脱学校の社会』東 洋・小澤周三訳 東京創元社。
――― 1979 『脱病院化社会』金子嗣郎訳 晶文社。
稲富栄次郎 1955 『教育目的論』福村出版。
井上達夫 1991 「自由への戦略―アナーキーと国家」『制度と自由（現代哲学の冒険 13)』岩波書店。
伊藤和衛 1981 『教育課程の目標管理入門』明治図書。
苅谷剛彦 1991 『学校・職業・選抜の社会学―高卒就職の日本的メカニズム―』東京大学出版会。
門脇厚司 1999 『子どもの社会力』岩波書店。
勝田守一 1950(1970) 「教育目的の社会的考察」『教育と教育学』岩波書店。
川本隆史 1995 『現代倫理学の冒険―社会理論のネットワーキング―』創文社。
社会教育研修所 1997 『報告・高齢者の学習・社会参加活動の国際比較』

国立教育会館。

窪田眞二　1993 『父母の教育権研究―イギリスの父母の学校選択と学校参加―』亜紀書房。

クーン,T.　1971 『科学革命の構造』中山　茂訳　みすず書房。

ルーマン,N.　1990 『目的概念とシステム合理性―社会システムにおける目的の機能について―』馬場靖雄・上村隆広訳　勁草書房。

MacIntyre,A.　1981 *After Virtue-a Study in Moral Theory-*, 2nd ed., University of Notre Dame Press.（篠崎榮訳『美徳なき時代』みすず書房　1993年）

———　1987 The idea of an educated public, in: *Education and Values-the Richard Peters lectures-*, ed. by G.Haydon, Institute of Education University of London.

———　1988 *Whose Justice? Which Rationality?*, University of Notre Dame Press.

———　1990 The privatisation of good: an inaugural lecture, in: *Review of Politics*, vol.52,no.3.

松井　清　1994 『教育とマイノリティ――文化葛藤のなかのイギリスの学校』弘文堂。

松浦良充　1989 「すべての人にとっての最良の教育―学習社会のリベラル・エデュケイション―」『現代思想』7月号。

宮寺晃夫　1974 「生徒指導における教師―生徒関係(1),(2),(3)」『月刊・生徒指導』1月号，2月号，3月号　学事出版。

———　1981 「E・C・トラップ―『幸福』主義の教育学者―」金子茂編著『現代に生きる教育思想4―ドイツ(1)』ぎょうせい。

———　1992a 「近代教育学における目的論の位置」近代教育思想史研究会『近代教育フォーラム』創刊号。

———　1992b 「哲学的分析・再論―『教授』の分析を中心に―」杉浦宏編著『アメリカ教育哲学の動向』晃洋書房。

———　1997a 『現代イギリス教育哲学の展開―多元的社会への教育―』勁草書房。

———　1997b 「人間形成論の隘路―思想史研究におけるポスト・モダニズムを排す」教育思想史学会『近代教育フォーラム』第6号。

———　1999a 「合理主義の教育理論―ピーターズ―」原聡介他編著『近代教育思想を読みなおす』新曜社。

――― 1999b 「言語と教育理論―分析は思想を超えられるか―」教育思想史学会『近代教育フォーラム』第8号。
――― 1999c 「アーノルド」寺崎昌男編『教育名言辞典』東京書籍。
――― 2000a 「教育方法」教育思想史学会編『教育思想事典』勁草書房。
――― 2000b 「教育目的」教育思想史学会編『教育思想事典』勁草書房。
Miyadera,A. 1990 C.Wringe's Understanding Educational Aims, in: *International Review of Education*, vol.36, no2.
森 昭 1973 『改訂・現代教育学原論』国土社。
森田尚人 1990 「教育学のゆくへ―教育科学と教育哲学―」原聡介他著『教育と教育観』文教書院。
森田伸子 1992 「教育学的言説の彼方へ」近代教育思想史研究会『近代教育フォーラム』創刊号。
Mueller,D.(ed) 1997 *Perspectives on Public Choice, a Handbook*, Cambridge University Press.
中島太郎 1954 「学区」『教育学事典』平凡社。
Natorp,P. 1988 *Sozialpädagogik: Theorie der Willenerziehung suf der Grundlage der Gemeinshaft*, Fr.Frommann.（篠原陽二訳『社会的教育学』玉川大学出版部 1954年）
西澤潤一 1996 『教育の目的考』岩波書店。
Norman,R. 1987 *Free and Equal, a Philosophical Examination of Political Values*, Oxford University Press.
大澤真幸 2000 連載・〈自由〉の条件14「回帰する超越性」『群像』2月号講談社。
大田 堯 1983 『教育とは何かを問いつづけて』岩波書店。
大塚久雄 1969 「マックス・ヴェーバーにおける思想史と経済史との交錯」『著作集・第九巻 社会科学の方法』岩波書店。
オーウェル,G. 1972 『動物農場』高畠文夫訳 角川書店。
Peters,R.S. 1963(1980) Education as initiation, in: P.Gordern ed., *The Study of Education, a collection of inaugural lectures*, vol.1. Early and Modern, The Woburn Press.
――― 1972 Must an educator have an aim ?, in: *Authority, Responsibility and Education*, George Allen & Unwin, revised edition.

Rawls,J.　1971　*A Theory of Justice*, Harvard University Press.
Raz,J.　1986　*The Morality of Freedom*, Oxford University Press.
———　1994　*Ethics in the Public Domain, essays in the morality of law and politics*, Clarendon Press.
佐藤　学　2000「公共圏の政治学—両大戦間のデューイ—」『思想』1月号岩波書店。
セン,A　1999『不平等の再検討—潜在能力と自由—』池本幸生・野上裕生・佐藤仁訳　岩波書店。
Simon,B.　1985　*Does Education Matter?* Lawrence & Wishart.
———　1992　*What Future for Education?* Lawrence & Wishart.
Spranger,E.　1921　*Lebensformen, Geisteswissenshaftliche Psychologie und Ethik der Persönlichkeit*, Max Niemeyer.（伊勢田耀子訳『文化と性格の諸類型1・2』明治図書　1961年）
スプリング,J.　1998『頭のなかの歯車—権威・自由・文化の教育思想史—』加賀裕郎・松浦良充訳　晃洋書房。
Stafford,J.M.　1991　Homosexuality and education-the two minds of Roger Scruton, in: *Studies in Philosophy of Education*, vol.11.
富山太佳夫　1996「『教養と無秩序』には何が書かれているか」『文学』季刊　第7巻第4号　岩波書店。
Troyna,B.　1987　Beyond multiculturalism: towards the enactment of antiracialist education in policy, provision and pedagogy, in: *Oxford Review of Education*, vol.13, no.3.
堤　清二・橋爪大三郎(編)　1999『選択・責任・連帯の教育改革【完全版】—学校の機能回復をめざして—』勁草書房。
上田　薫　1988「問題は深く，しかも緊迫している」教育哲学会『教育哲学研究』第57号。
ユネスコ　1997『世界教育白書1996』日本ユネスコ協会連盟監訳　東京書籍。
宇沢弘文　1989『経済学の考え方』岩波書店。
———　1998『日本の教育を考える』岩波書店。
Walford,G.　1994　*Choice and Equity in Education*, Cassell.
———　1996a　Diversity and choice in school education: an alternative approach, in: *Oxford Review of Education*, vol.22, no.2, 1996.
———　1996b　A Rejoinder to Hargreaves, in: *Oxford Review of*

Education, vol.22, no.2.
White,J.　1982　*The Aims of Education Restated*, Routledge & Kegan Paul.
———　1997　*Education and the End of Work: a New Philosophy of Work and Learning*, Cassell.
ホワイト,J　1999「ジョン・ホワイト教授来日講演集」宮寺晃夫訳　筑波大学教育思想研究会『教育と教育思想』第19集。
White,J. & White,P.　1986　Education, liberalism and human good, in : *Education, Values and Mind*, ed. by D.E. Cooper, Routledge & Kegan Paul.
White,P.　1983　*Beyond Domination-an Essay in the Political Philosophy of Eduaction-*, Roetledge and Kegan Paul.
White,P.　1996　*Civic Virtues and Public Schooling-Educating Citizens for a Democraric Society-*, Teachers College Press.
ホワイト,P.　2000「子どもと政治教育」宮寺晃夫訳　山崎高哉（研究代表）『二十一世紀を展望した子どもの人間形成に関する総合的研究』財団法人伊藤忠記念財団。
ウィリス,P　1985『ハマータウンの野郎ども』熊沢誠・山田潤訳　筑摩書房。
吉田熊次　1938『教育目的論』目黒書店。

著者略歴

1942年　東京に生まれる
1965年　東京教育大学教育学部教育学科卒業
1973年　東京教育大学大学院教育学研究科博士課程（教育学専攻）単位取得退学
1986-87年　ロンドン大学教育学研究所教育哲学科客員研究員
1995年　博士（教育学）（筑波大学）取得
現　在　筑波大学教育学系教授
著　書　『現代イギリス教育哲学の展開 ── 多元的社会への教育 ──』（勁草書房、1997）
『近代教育思想を読みなおす』（共編著、新曜社、1999）
論　文　『教育学における教養 ── その拡充とリベラリズム哲学の関わり ──』（日本教育学会『教育学研究』第66巻第3号、1999）
『言語と教育理論 ── 分析は思想を超えられるか ──』（教育思想史学会『近代教育フォーラム』8号、1999）その他

リベラリズムの教育哲学 ── 多様性と選択

2000年11月20日　第1版第1刷発行

著者　宮《みや》寺《でら》晃《あき》夫《お》

発行者　井村寿人

発行所　株式会社　勁《けい》草《そう》書房

112-0005　東京都文京区水道2-1-1　振替　00150-2-175253
電話（編集）03-3815-5277／FAX 03-3814-6968
電話（営業）03-3814-6861／FAX 03-3814-6854
三協美術印刷・和田製本

ISBN　4-326-29869-3

http://www.keisoshobo.co.jp